KB267023

정서적 특성이 장노년기 주관적 안녕감 유지에 미치는 영향

정서적 특성이 장노년기 주관적 안녕감 유지에 미치는 영향

유 경 저

저자서문

　우리나라는 세계에서 그 유래를 찾아보기 힘들 정도의 빠른 속도로 고령화가 이루어지고 있다. 우리가 접하는 다양한 매체를 통해 고령화 문제의 심각성과 이에 대한 대책 마련의 심각성은 강조되고 있지만 실제로 노년기를 준비하고 있거나, 이미 노년기에 들어선 중년, 노년층의 심리적 특성과 적응에 대한 연구나 자료들은 찾아보기 어려운 실정이다. 노년기의 적응과 관련하여 인지적 특성이나 임상적 문제에 대한 연구들이 국내외 활발하게 진행되어져 왔으나 정서적 특성이나 성격에 대한 연구는 거의 이루어지지 않았다. 따라서 고령화 사회가 다가오는 것에 대한 두려움이나 거부감을 증가시키는 자료들은 넘쳐나는데, 정작 노년기에는 심리적으로 어떤 변화가 오고 어떻게 적응할 것인가에 대해 대비할 수 있도록 유용한 통찰을 제공할 수 있는 자료들을 찾는 것은 쉽지 않다. 늘어나는 노년층에 대한 부양을 해야 하는 부담감으로 인해 청장년층의 노년층에 대한 거부감이 증가하고 있으며, 세대간 갈등까지도 야기시킬 수 있는 불안한 상황이 지속되고 있다.

　이에 본 연구에서는 노년기의 정서경험, 정서지능, 정서대처 등 정서적 특성이 주관적 안녕감 유지에 어떻게 영향을 주는가에 대해 연구함으로써 노년기에도 유지될 수 있는 정서적 특성을 확인하고 이러한 특성이 적응에 어떠한 영향을 주는지 확인하였다. 노인이 되면 수동적이고 경직되어 자신만의 방법을 고집하고 새로운 변화에 대해 거부하는 부정적 특성을 강조하던 이전의 관점에서 벗어나 최근 연구에 따르면, 노년기에도 능동적으로 자신의 주관적 안녕감을 유지하며 행복하게 살아가고 있다는 노년기의 긍정적 특성을 보여주는 연구들이 제안되고 있다. 본 연구에서도 노인들은 청년이나 중년에 비해서, 그 특성상에서는 다소 차이가 있으나 주관적 안녕감 유지를 위해 스스로 정서적 대처와 조절을 할 수 있다는 점을 확인했다. 노년기에는 주관적 안녕감 유지를 위해 정적 정서를 부적 정서에 비해 더 자주 경험하는 정서최적화 특성이 유지되며, 정서 강도나 각성수준이 상대적으로 낮은 정적 정서들을 자주 경험함으로써 주관적 안녕감을 유지한다는 점을 확인했다. 또한, 부적 정서를 경험했을 때 직접적이고 능동적인 대처도 가능하지만, 정서적으로 갈등이 심한 상황에서는 그 상황을 있는 그대로 받아들이거나, 회피하는 방식으로 주관적 안녕감 유지를 위해 적절히 대처한다는 것을 확인했다. 즉, 노년기에도 상황에 따른 선택적 대처를 통해 주관적 안녕감 유지를 위한 능동적인 노력을 할 수 있는 것으로 나타났다. 또한 정서인식능력의 경우도 다른 연령집단에 비해 정서 개선에 대한 믿음이 높아 부적 정서를 경험하더라도 다시 기분이 좋아질 것이라고 긍정적으로 생각하는 특성이 노인의 경우 더 높게 나타났다. 그렇다고 해서, 노인들이 무조건 부적 정서는 회피하고 정적 정서만 경험하려는 특성을 지니는 것은 아니며, 노년기에 오히려 정서복잡성은 증가하여 상황의 여러 측면을 고려하되, 그중 긍정적인 측면들에 집중함으로써 행복하고 즐거운 기분을 유지하려 한다는 것을 확인했다. 이와 같이 노년기의 긍정적인 특성을 밝히는 연구를 통해 노년기에도 스스로 노력을 한다면 충분히 행복하고 즐거운 노후를 보낼 수 있으며, 그동안 노년기에 대한 부정적인 고정관념과 다른, 새로운 노년기의 특성을 볼 수 있었다.

노년기를 준비하거나 노년기를 경험하고 있는 많은 사람들에게 노인으로서의 삶이 혹은 노인이 되어간다는 것이 두렵고 피하고 싶은 것이 아니라 노년기의 삶도 행복하고 풍요로울 수 있다는 점을 보여줌으로써 고령사회에 대한 준비를 도울 수 있다. 키케로는 '노인들은 불행한 것이 아니다. 노년의 삶은 어떻게 대비하고 적응하느냐, 어떻게 생각하느냐에 따라 달라질 수 있는 것이다'라고 언급했다. 즉, 노인이 되는 것이 반드시 슬프고 힘든 것이 아니고, 노력하고 준비한다면 얼마든지 행복한 삶을 누릴 수 있다는 것을 의미한다. 우리는 언젠가는 모두 노인이 될 것이고, 나이가 들고 노인이 되는 일이 나와 전혀 상관없는 일이 아니라 나에게도 이미 일어나고 있는 일이라는 것을 인식해야 한다. 고령사회에서 보다 적극적으로 행복한 삶을 만들어가고, 유지하기 위해서는 노년기 정서에 대한 이해가 필수적이다. 이런 의미에서 본 연구가 갖는 시사점은 매우 크며, 이 연구를 기반으로 노년기 정서적 삶을 다루는 연구들이 지속적으로 이루어져야 할 것이다.

마지막으로, 본 연구가 완성되기까지 많은 도움을 주신 여러분께 감사를 드리며, 누구보다도 활기차고 적극적으로 노년기를 맞이하고 계시는 부모님께 이 책을 바친다.

2006년 12월

유 경

〈그림 목차〉

I. 서 론

Ⅰ 서 론

한국사회는 지금 세계에서 그 유래를 찾아보기 힘들 정도로 빠르게 고령 사회가 되어가고 있다. 2000년에 65세 이상 노인의 비중이 전체 인구의 7.3%가 되어 고령화 사회(aging society)로 진입하였고, 2019년에는 14.4%가 되어 고령 사회(aged society), 더 나아가 2026년에는 20.2%에 달하여 초고령 사회(superaged society)가 될 것으로 보인다. 또한, 한국인의 평균수명은 2002년을 기준으로 남성 73.38세, 여성 80.44세로 20년 전에 비해 13세 이상 증가하였다(통계청, 2004). 고령화로 인해 노동 인력이 감소하고 노인 부양비용이 증가하면서 세대간 갈등이 심화될 것이며, 가족 주기의 변화로 고령자의 독립생활이 더 많아지고 그 기간도 늘어나므로 노인부양이 가족의 책임에서 국가와 사회의 공동책임으로 전환되게 될 것으로 예상된다. 이러한 변화는 개인의 생애주기에 걸친 다양한 복지욕구의 증대와 함께 새로운 국가적, 사회적 부담을 증가시킬 전망이다(김용익, 2004). 따라서 이에 대응하기 위한 대책마련이 시급한 상황이지만, 현재 우리나라는 이에 대한 인식이나 대비가 매우 부족하다.

고령 사회로 접어든 여러 선진국에서는 노년기 삶의 질을 높이기 위해 이미 많은 연구들을 해 왔고, 삶의 다양한 측면들을 조망해주는 연구들을 지속적으로 실시해오고 있다. 우리나라도 현실적인 문제 때문에 노년기에 대한 관심이 그 어느 때보다도 커지고 있으나 심리학 분야에서의 노년 연구는 매우 적은 편이다. 행복한 노년을 위해서는 정서적 삶의 질을 유지하는 것이 매우 중요함에도 불구하고 심리학 분야에서 아동과 청소년을 대상으로 실시된 정서 발달 연구는 많았지만, 노년기 정서 특성과 적응에 대한 연구는 거의 찾아보기 어렵다. 정서가 인간의 삶에서 매우 중요한 역할을 한다는 것은 이미 잘 알려진 사실이며, 인간의 수명이 길어질수록 개인의 삶에서 정서가 갖는 의미는 더욱 커지고 있다. 따라서 수명연장으로 인해 상대적으로 길어진 노년기에 정서적 특성은 어떻게 변화되며, 주관적 안녕감을 유지하는데 정서가 어떤 역할을 하는지 밝혀주는 연구가 매우 필요한 실정이다.

과거 노년기에 대한 심리학 연구들은 주로 노화로 인한 인지적, 신체적 능력의 감퇴 혹은 심각한 질병이나 빈곤으로 고통 받는 노인들에 대한 것이 많았으나, 최근에는 노년기에도 주관적 안녕감(subjective well-being)을 유지하면서 즐겁게 살아갈 수 있는 긍정적 특성에 대한 연구와 이론들이 제안되고 있다(Brandstäter & Greve, 1994; Carstensen, 1999; Carstensen, Pasupathi, Mayr, & Nesseloade, 2000; Diener, Colvin, Pavot, & Allman, 1991; Filipp, 1996; Jones & Meredith, 2000; Kleban, Rajagopal, Dean, & Paramelee, 1992; Lang & Carstensen, 2002; Lawton, 1989; Lawton, Kleban, & Dean, 1993; Lawton, Van Haitsma, & Klapper, 1996; Magai & Halpern, 2001; Staudinger, Marsiske, & Baltes, 1995).

특히, 노년기에는 부적 정서의 경험을 줄이고 정적 정서 경험을 최대화하려는 정서최적화(affective optimization) 특성이 두드러진다는 정서최적화 이론은 노년기에 자발적으로 자신의 심리적 안녕감 유지를 위해 정서를 조절하려는 적극적인 노력을 한다는 점을 강조한다. Carstensen(1992)의 사회정서적 선택 이론(socioemotional selectivity theory)에 의하면, 노년기에는 자신의 정서를 조절하여 주관적 안녕감을 유지하는 것이 삶에 있어서 매우 중요한 목표가 되며 이를 위해 정적 정서를 많이 느낄 수 있는 친밀하고 편안한 관계를 유지하는데 선택적인 노력을 기울이게 된다. 즉, 정서최적화라는 것은 정적 정서를 더 많이 느낄 수 있는 상황을 선택하고 부적 정서를 느낄 만한 상황은 회피하여 심리적 동요를 줄이고 주관적 안녕감을 유지하려는 특성을 의미하며, 노년기에 이러한 특성이 더 두드러지게 된다는 것이다.

정서최적화 특성은 주관적 안녕감 유지를 위해 효과적인 적응방식일 수 있으나 이러한 특성은 노년기에만 특정적으로 나타난다고 보기 어렵다. 인간은 누구나 정적 정서를 많이 경험하고 싶어 하고 부적 정서는 되도록 경험하고 싶어 하지 않는다. 따라서 우리가 주목해야 할 부분은 각 연령대에서 정서최적화를 이루어가는 방식이다. 특히, 청년이나 중년에 비해 신체적, 심리적 에너지 수준이 제한적인 노년기에는 정서최적화를 이루는 방식에 차이가 있을 것이며 이러한 특성은 정서 경험뿐만 아니라 정서 조절, 표현, 복잡성 등 여러 정서 차원에 대해 상이하게 나타날 것이다.

연령 증가에 따른 인지적, 신체적 감퇴에도 불구하고 노년기에도 주관적 안녕감을 유지할 수 있는 것은 정서적 삶에 있어서 만족감을 느낄 수 있도록 개인이 노력을 기울이기 때문일 것이다. 노인이 된다는 것은 누구나 피할 수 없는 일이며 노화에 따른 신체기능의 퇴행, 인지적 변화, 그리고 에너지 감소는 언젠가는 직면하게 되는 것이다. 노년기에는 이러한 대처자원의 감소로 인해 심리적 동요가 일어나면 진정하기까지 더 많은 시간이 필요하게 된다. 정서대처를 위해 무리하게 힘을 들여 상황을 변화시키려 하거나 과도한 에너지를 소비하면서 적극적인 대처를 시도하게 되면 결국 한계를 경험하게 되고, 좌절감과 상실감을 경험할 가능성이 높다. 대처

가능한 상황에서는 적극적인 대처가 적절하지만 그렇지 못한 경우에는 에너지 소모를 최소화하면서 심리적 동요를 막는 방식으로 정서를 조절하는 것이 더 효과적이다. 이와 같이, 신체적, 심리적으로 불리한 여건 속에서도 노인들이 어떻게 주관적 안녕감을 유지하고 적응하는지 그 원인과 방법을 밝혀주는 연구는 노년기를 이해하고 대비하는 측면에서 매우 중요하다.

따라서 본 연구에서는 중년에서 노년에 이르는 시기의 정서최적화 특성이 어떻게 나타나고 정서 최적화 유지를 위해 어떠한 노력을 기울이는지 정서적 차원에 초점을 두고 알아보았다. 정서 경험과 사회적 목표의 중요도가 어떻게 달라지는지 알아보았고, 정서 대처양식, 정서 표현성, 정서자각(emotion awareness)능력, 정서 표현에 대한 양가적 특성 등 정서적 특성이 연령에 따라 어떻게 변화하고, 주관적 안녕감 유지에 어떠한 영향을 주는지 알아보았다. 마지막으로 정서를 경험하는 데 있어서 여러 가지 정서들을 동시에 경험하면서도 각 개별 정서를 이해하고 통합하는 정서복잡성이 연령 증가에 따라 어떻게 달라지는지 살펴보았다.

본 연구의 개요는 그림 1에 제시한 바와 같다. 연구 1에서는 정서 최적화 특성을 정서 경험과 사회적 목표 측면에서 확인하고 주관적 안녕감과의 관계를 살펴보았다. 또한 정서최적화 특성을 통해 주관적 안녕감을 유지하는 특성이 연령에 따라 어떻게 달라지는지 확인하고 인구통계학적 특성에 따른 주관적 안녕감의 차이를 알아보았다.

연구 2에서는 부적 정서 유발로 인한 심리적 동요를 줄이고 정적정서를 유지하는 대처양식이 연령에 따라 어떻게 달라지는지 알아보았다. 또한 정서최적화를 이루는 방식이 정서 표현, 정서자각능력, 정서 표현에 대한 양가적 태도 등에 대해서도 어떻게 나타나는지 연령과 성별에 따라 그 차이를 확인해보았다.

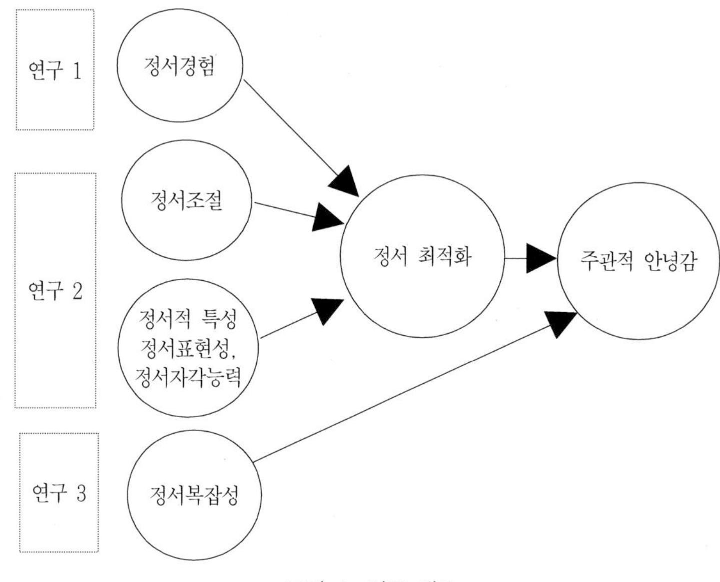

그림 1. 연구 개요

연구 3에서는 다양한 정서 경험을 자각하고 이해하는 능력을 측정하는 정서복잡성 과제를 개발하고, 이를 통해 연령 증가에 따른 정서복잡성의 변화와 주관적 안녕감과의 관계가 어떻게 달라지는지 알아보았다.

장노년기 심리적 특성 중 정서적 특성에 초점을 두고 살펴본 연구를 찾아보기 어려운 현실 속에서 이와 같은 연구는 노화에 따른 신체적, 인지적 제약에도 불구하고 노년기에도 행복하게 주관적 안녕감을 유지하며 살아가는 데 도움이 되는 정서적 특성을 밝혀주고 적응 방법을 제시해 준다는 점에서 매우 의미가 있다. 노년기에 정서최적화를 이루고 주관적 안녕감을 유지하기 위해서는 정적 정서 경험을 많이 하는 것도 중요하지만 부적정서를 되도록 적게 경험하는 것이 더욱 중요하다. 즉, 정서적인 스트레스와 갈등으로 인한 부적 정서 유발을 최소화할 수 있도록 정서를 조절함으로써 에너지 손실을 줄이고 주관적 안녕감을 유지하는 것이 바람직하다. 이러한 특성을 연구를 통해 경험적으로 밝혀줌으로써 노인들이 노년기에 자신의 정서에 대해 적절하게 대처하고 반응할 수 있도록 도울 수 있으며, 노인들을 모시는 가족이나 혹은 가까이에서 관계를 유지하며 노인에게 도움을 주어야 하는, 노인을 대상으로 하는 사업 및 교육 및 서비스 관련자들에게도 유용한 자료가 될 수 있다.

노년기의 긍정적인 특성을 밝혀주는 연구는 이전에 비해 상대적으로 길어진 노년기를 대비하고 노인의 삶을 이해하는데 매우 중요한 역할을 할 것이다. 많은 사람들이 나이 들어가는 것에 대해 두려움과 거부감을 갖는 것은 노년기에 노화로 일어나는 쇠퇴와 손실, 경직된 특성을 강조하는 연구들이 많이 있어왔기 때문이다. 하지만 노년기는 퇴행만 일어나는 시기가 아니라 젊은 시절에 미숙했던 부분들이 채워지고 긍정적이고 여유롭게 삶을 즐길 수 있는 시기이기도 하다. 이러한 긍정적 특성을 밝혀줌으로써 많은 사람들이 노년 생활에 대한 긍정적인 시각을 갖고 그 시기를 대비하고, 또한 노인과의 관계를 유지하는 데 있어 그들을 이해하고 받아들이도록 도울 수 있을 것이다.

행복하고 즐겁게 몸과 마음의 건강을 유지하면서 오래 사는 것이 진정한 성공적 노화이다. 그러므로 이러한 성공적인 노후를 보내기 위해서는 정서적 삶에 대한 이해와 대비가 필수적이다. 이러한 측면에서 볼 때, 노년기의 정서적 특성과 주관적 안녕감을 유지하는데 중요한 요인을 밝히는 본 연구는 실용적인 가치를 지니며 노년 정서 연구의 초석을 마련하는 선구적 연구로서 중요한 의미를 갖는다.

Ⅱ. 이론적 배경

Ⅱ 이론적 배경

노년기의 정서적 특성에 대한 초기 연구에서는 주로 노화로 인한 수동적이고 퇴행적인 특성에 집중하여 연구가 이루어졌다. 나이가 들면 희로애락의 감정이 무디어지고 냉담하고 무미건조해질 뿐만 아니라 젊은 시절에 비해 쾌 수준이 저하되며(Malatesta & Izard, 1981), 젊은이들에 비해 사회적 상호작용 빈도가 줄어든다. 노년기에 사회적 네트워크가 줄어드는 것은 지인들의 죽음과 건강의 쇠퇴로 인해 사회적으로 다양한 접촉을 할 기회가 차단되기 때문이며, 죽음이 가까이 다가왔다는 지각에 의해 사회적 연결망을 확장 혹은 유지하고 싶은 욕구가 감소하여 사회로부터 점점 멀어지기 때문이라는 사회 유리설(social disengagement theory, Cumming & Henry, 1961)이 그 이유로 제안되기도 했다. 노인들은 자아통제 방식이 능동적인 방식에서 수동적, 신비적인 방식으로 변화하여 자신의 정서, 신체 기능의 감퇴에만 초점을 두어 자기 주장을 하기보다는 외부 환경에 자신을 맞추거나, 남의 도움이나 초자연적 힘에 의지하려는 특성을 보인다(Gutmann, 1964, 1967). 또한 노년기에는 매사에 융통성이 없어지고 새로운 변화를 싫어하며, 도전적이고 모험적인 일을 꺼려하게 된다(김애순, 2004; Botwinick, 1978; Schaie & Strother, 1968). 이와 같이 초기 연구들에서는 노년기에는 내향성과 수동성이 증가하고 자아 에너지가 위축되며 신체적, 심리적으로 의존성이 증가한다는 것을 보여준다(Kalish, 1969; Rosen & Neugarten, 1964).

반면, 노년기의 삶이 예상보다 훨씬 긍정적이고 능동적이라는 점을 보여주는 연구들이 최근에 이루어지고 있다. 이에 따르면, 심각한 질병을 제외하면 노인들은 젊은 사람들보다 더 행복하고 덜 외롭고 자신을 둘러싼 세상에 대해 꽤 만족하고 있다. 또한, 고통을 받고 있는 노인들이 있다는 것을 부정할 수는 없겠지만, 노인들은 상당히 잘 적응하고 있으며, 노인들의 사회적 접촉 감소가 심리적 고통과 반드시 관련되는 것도 아니다. 이들 연구에서 노인들은 젊은이들에 비해 정서적 기능이 지속적으로 향상되며(Carstensen, Isaacowitz, & Charles, 1999), 정서 조절을 보다 잘 하였고(Gross, Carstensen, Pasupathi, Tsai, GotestamSkorpen, & Hsu, 1997), 정신적 표상의 복잡성이 증가하였으며(LabouvieVief, HakimLarson, DeVoe, & Schoeberlein, 1989; Lawton, Kleban, & Dean, 1993), 상대적으로 더 행복하였고 (Diener & Diener, 1996), 삶의 만족도 또한 더 높았다(Herzog, Rodgers, & Woodworth, 1982).

1. 정서 경험의 특성: 정서최적화

1) 정서가에 따른 경험의 특성

노년기에 접어들수록 부적 정서 경험을 더 많이 하고 정적 정서 경험은 상대적으로 덜 하게 될 것이라는 일반적인 생각과는 달리, 노년기가 청년기나 중년기보다 특별히 더 부정적이고 우울한 것은 아니며 심지어 더 행복하고 편안한 시기로 볼 수도 있다(유경과 민경환, 2003).

연령증가에 따른 정적 정서 경험의 연령차가 없으며, 부적 정서 경험을 상대적으로 덜 하게 된다는 연구들(Carstensen, Pasupathi, Mayr, & Nesseloade, 2000; Lawton, Kleban, & Dean, 1993)이 있고, 오히려 연령 증가에 따라 정적 정서 경험은 점진적으로 증가하고, 부적 정서 경험은 상대적으로 감소한다는 연구 결과들(Carstensen, Gottman, & Levenson, 1995; Carstensen, Graff, Levenson, & Gottman, 1996; Lawton, 1989; Lawton, Kleban, Rajagpal, & Dean, 1992; Lawton, Van Haitsma, & Klapper, 1996; Mroczek, 2001; Mroczek & Kolarz, 1988; Weissman, Leaf, Bruce, & Florio, 1988)도 있다. 반면, 베를린 노화 연구(Berlin aging study)에 의하면, 연령증가에 따라 정적 정서 경험은 증가하지만 부적정서 경험은 유의미한 연령차가 나타나지 않았다(Baltes & Mayer, 1999). 연령 증가에 따라 정적 정서 경험이 증가 혹은 유지되지만 최고령에 이르면 오히려 감소한다는 주장도 있었다(Charles, Reynilds, & Gatz, 2001, Smith, Fleeson, Geiselmann, Settersten, & Kunzmann, 1999). 정리하면, 최고령 집단을 제외하면 정적 정서 경험이 연령 증가에 따라 감소하는 것은 아니며, 부적 정서 경험은 연령 증가에 따른 차이가 없거나 점진적으로 감소한다. 이러한 결과는 이후 설명할 최적화 이론(optimization theory)과 사회 정서적 선택 이론(socioemotional selectivity theory)의 토대가 된다.

2) 노년기 정서경험과 주관적 안녕감: 정서최적화

Lawton과 동료들(Lawton, 1989; Lawton, Kleban, Rajagpal, &

Dean, 1992; Lawton, Van Haitsma, & Klapper, 1996)은 주관적 안녕감 유지에 정서조절(emotion management)이 전 생애에 걸쳐 중요한 역할을 하는 것으로 설명한다. 사회적 맥락에 적절하고 생활 사건들의 변화에 잘 맞춰서 반응하고 적응할 수 있도록 정서 조절에 노력을 기울이는 특성은 생애 후기에 이르러 더욱 중요한 역할을 하게 되는데, 노인들은 '정서최적화(affective optimization)'를 위해 정서 조절을 시도한다. 즉, 부적 정서경험을 되도록 피하고 충분한 정적 자극을 받을 수 있는 사회적 상황을 선택함으로써 자신의 주관적 안녕감을 유지하기 위한 능동적이고 적극적인 노력을 기울이는 것이다.

Carstensen(1992, 1995; Carstensen, Pasupathi, Mayr, & Nesseloade, 2000; Lang & Carstensen, 2002)은 노년기의 정서 최적화 특성을 사회정서적 선택 이론(socioemotional selectivity theory)으로 설명한다. 삶에서 가장 중요한 사회적 동기에는 정서 조절, 자기 개념의 발달과 유지, 그리고 정보 추구가 있는데, 노년기에 접어들수록 정보 추구 목표의 중요성은 감소하고 정서 조절 목표는 점점 더 중요해진다. 대인관계 맥락에서 정서적 만족감을 얻고, 정서적 삶에서 정적 정서가(positive valence)를 유지하며, 적정 수준의 정서 조절을 통해 정서적 만족을 얻는 것이 삶의 목표가 된다. 이러한 변화는 인생에서 남은 시간이 제한적이라고 해석하게 될 때, 더 두드러지게 나타난다. 이러한 정서조절 동기는 성인기 전반에 걸쳐 나타나지만 특히, 노인에게 더 중요하다. 이러한 설명은 생애 후기에 사회적 네트워크가 축소되는 이유를 설명해주며, 노년 연구 초기에 제안된 사회유리설의 대안을 제시해 준다. 노인들은 노화와 사회적 자극의 감소로 인해 어쩔 수 없이 사회적 관계를 축소하는 것이 아니라, 선택적으로 자신이 정적 정서 상태를 유지하는 데 도움이 되도록 대인관계의 폭을 좁게 유지함으로써 정서적으로 만족을 유지하려 한다. 가까운 친구와 친지들과의 관계가 더욱 중요해지고, 새로운 관계에 대해서는 단지 피상적인 수준에서만 관여하고자 한다(Carstensen, Gottman, &

Levenson, 1995; Carstensen, Graff, Levenson, & Gottman, 1996). 대인관계 영역에서 일어나는 이러한 변화는 성인기 전반에 걸쳐 정서 경험과 정서 조절에서 일어나는 변화의 기반을 형성하게 된다. 사회적 관계는 성공적인 노화를 결정짓는 강력한 자원이며, 이러한 사회적 관계의 양과 질이 더 나은 신체적, 심리적 기능과 관련된다는 경험적 연구 결과들도 있다(Fratigkioni, Wang, Ericsson, Maytan, & Winblad, 2000; Uchino, Caccioppo, & KiecoltGlaser, 1996). 삶에서 중요한 목표와 환경을 선택적으로 구성하는 것은 개인 삶의 질에 영향을 주는데, 특히 신체적 쇠퇴와 노화로 인해 부적 정서 경험이 증가될 확률이 높은 노년기에는 더욱 중요한 과제가 된다(Baltes & Carstensen, 1996; Bandura, 1997; Caspi, Bem, & Elder, 1980).

사회적 관여의 빈도와 질을 통제하는 것은 정서를 조절하기 위해 사람들이 사용하는 적응적인 방략이며, 이는 특히 노년기의 안녕감 유지에 중요하다. 즉, 노년기에는 연령이 증가함에 따라 나타나게 되는 에너지 감소에 대응하여 생리적 각성 수준이 과장되는 것을 막고 심리적 동요를 줄일 수 있도록 조절하는 것이 적응에 도움이 된다. 사회적 접촉은 사회적 지지 혹은 도움과 같은 긍정적 결과를 극대화하고 대인갈등과 같은 부정적 결과를 최소화하는 관계들에 국한시키게 된다. 따라서 사회적 관계망의 축소는 대인관계의 철회 혹은 감소라기보다는 성공적인 노화에 기여하는 특성으로 볼 수 있다.

LabouvieVief와 BlanchardFields(1982)는 감정과 인지의 역할이 연령 증가에 따라 재구성되고, 이 두 요소 간의 관련성이 점점 더 깊어진다고 설명한다. 이로 인해 노년기에는 정서조절이 수월해지고 부적 정서 경험을 최소화하며, 정적 정서 경험을 최대화할 수 있는 능력이 생기고, 또한 스스로 행복이나 주관적 안녕감을 유지할 수 있도록 노력을 기울이게 된다.

Carstensnen(1992, 1995), Labouvievief와 BlanchardFields(1982), 그리고 Lawton(1996)의 이론은 연령증가에 따른 정서적 삶의 변화와 유지과정을 흥미롭게 보여준다. 세 이론 모두 노년기에 정적 정서를 부적 정서에 비해 더 많이 경험하도록 조절하는 특성을 사회적 관계의 변화와 내적 상태 (inner staes)의 변화를 통해 설명한다. 이러한 이론적 입장에서 실시된 여러 경험적 연구 결과를 보면, 연구에 따라 다소 차이가 있긴 하지만 노년기에는 부적 정서를 덜 경험하고 정적 정서를 더 많이 경험하고자 하는 경향이 있다는 것을 확인할 수 있다(Mroczek & Kolarz, 1998).

정서 경험에서의 성차를 살펴보면, 대체적으로 여성이 남성에 비해 부적 정서를 더 많이 경험하고(Glenn, 1975; White & Edwards, 1990), 주관적 안녕감이 상대적으로 낮은 것으로 나타난다(Adelman, Antonucci, Crohan, & Coleman, 1989). 중년 이후에는 여성이 남성에 비해 정적 정서를 덜 경험하는데, 집단 내에서는 교육수준이 높거나, 결혼을 하여 배우자가 생존한 경우이거나, 신경증이 낮고 외향성이 높은 사람이 정적 정서를 더 자주 경험하는 경향이 있다. 부적 정서는 남성의 경우에는 연령 증가에 따라 감소하지만, 여성의 경우에는 유의미한 차이가 없었다(Mroczek & Kolarz, 1998). 남성과 여성의 정서 경험, 대처, 조절은 상이하기 때문에 장노년 연구에서 반드시 다루어져야 할 것이지만, 단순히 성차로만 설명할 수 없는 문화적, 사회적 배경이 포함되므로 신중하게 해석되어져야 할 변인이다.

2. 장노년기 정서 조절과 대처의 특성

노인들은 갈등을 피하거나 직접적인 표현을 하지 않는 것을 선호하고, 대처와 방어 전략을 적절히 사용하여 갈등 상황을 긍정적으로 평가하려는 경향이 두드러지며 충동통제를 비교적 잘 한다(Diehl, Coley, & LabouvieVief, 1996; Gross, Carstensen, Pasupathi, Tsai, Skorpen, & Hsu, 1997). Lawton과 동료들(1992, 1993)은 질문지를 통해 사람들이 자신의 내적, 외적 반응성, 정서적 역동(강도, 빈도, 지속시간), 그리고 정서가 유발되는 원인을 어떻게 기술하는지를 확인했는데 그 결과, 노년기에 정서적 통제 능력은 오히려 좋아지고, 기분의 안정성이 커지며, 감정 조절을 더 잘하게 되고, 감각 추구를 덜 하게 된다고 밝혔다.

Schulz와 Heckhausen(1996)은 자기 통제에 대해, 외부세계를 자신이 원하는 방식으로 변화시켜 목표를 달성하도록 하는 일차 통제(primary control)와 이러한 방식을 적용하기 어려울 경우 통제감을 유지하기 위해서 내적으로 목표를 수정하는 이차 통제(secondary control)로 구분하고, 노년기에 접어들수록 일차 통제는 감소하고 이차 통제의 사용은 증가한다고 밝혔다. 즉, 노화로 인해 환경을 일차적으로 통제할 수 없을 때, 감정을 다스리거나 우선순위나 목표를 조절함으로써 통제감을 유지한다는 설명이다.

Mcconatha와 Huba(1999)는 청년, 중년, 노년의 세 집단을 대상으로 일차통제와 이차통제를 어떻게 사용하는지 알아보았다. 노년기에 접어들수록 일차통제는 감소하고 이차통제는 증가하며 공격성, 충동 통제 능력이 증가하며, 정서적으로 동요되는 사건에 대한 반추가 줄어든다. 연령 증가에 따라 정서 조절 능력이 향상되어 노인들은 부적 정서를 적절히 회피할 수 있게 된다. 또 수단적, 환경-초점적 노력에서 내적 전략으로 조절 노력이 변화한다. 즉, 노인들은 불편한 상황에서 에너지를 들여 일차적으로 환경 자체를 변화시키려는 환경-초점적 노력을 하기보다는 자신의 내적인 생각과 태도를 바꾸는 내적 전략을 통해 부적 정서 유발을 줄이고 동요하지 않으려 한다.

동화(assimilative)와 조절(accommodative) 대처의 이중 처리과정 모델(dualprocess model; Brandtstädter, 1989; Brandtstädter & Rothermund, 2002a)은 노년기에 경험하게 되는 한계와 제약에도 불구하고 노인들이 어떻게 심리적 적응을 유지해 나가는지 통합적으로 설명해준다. 이 모델에 의하면 도구적, 자기-교정적, 보상 행동을 통해 손실을 줄이려는 시도를 하는 것을 동화적 대처(assimilative mode of coping)라고 하고, 실제 상황과 바라는 상황의 불일치 정도를 줄이기 위해 주어진 상황의 제약에 자신의 목표와 기준을 낮추어 맞춤으로써 적응하는 방식을 조절적 대처(accommo-dative mode of coping)라고 구분한다. 조절적 대처는 이루지 못한 목표를 평가절하하거나 목표와 자신을 분리시키는 방법으로 개인의 수행 기준이나 열망을 낮추는 것이다. 이 두 가지 대처를 상황별로 적절하게 적용하면서 우리는 삶에 적응하게 된다. 동화적 노력은 개인이 상황을 능동적으로 변화시킬 수 있을 경우 또는 효과적인 보상 또는 자기-조절 개입이 가능한 경우에 많이 사용되며, 조절 처리과정은 행위-결과에 대한 기대가 반복적인 실패로 인해 좌절되는 경우에 많이 사용된다. 노년기에는 연령 증가로 인한 수행 수준의 급격한 감소로 인해 이전의 수행 기준을 유지하려면 더 많은 자원을 투자하고 노력을 해야 하므로 개인은 목표를 보다 낮은 수준으로 조절하는 것이 적응에 유리하다. 이중처리 모델에서는 이러한 조절적 변화가 노년기의 효율성과 통제감 유지에 핵심적인 역할을 할 것으로 보며, 노화로 인한 회복 불가능한 퇴행이나 손실 때문에 유발되는 정서적 동요를 완충시키는 역할을 하는 것으로 설명한다 (Brandtstädter & Rothermund, 1994, 2002b; Brandstädter, Wentura, & Greve, 1993; Heckhausen, 1997). 위와 같은 가정을 지지하는 경험적 증거들이 확인되고 있는데, 노인들은 삶이 점점 더 통제하기 어렵다는 것을 경험하게 되고, 능동적인 도구적 대처가 점점 더 어려워진다는 것을 인정하면서 내적 재해석을 통한 대처 행동을 점점 더 많이 사용하게 된다(Blanchard-Fields, 1989; Carstensen, 1995; Folkman, Lazarus, Pimley, & Novacek, 1987; Labouvie-Vief, Hakim-Larson, & Hobart, 1987; Lang & Carstensen, 2002; Quayhagen & Quayhagen, 1982).

이러한 결과는 노인들이 노화로 인해 상황을 스스로 통제하거나 변화시키기 어려워지므로 상황에 대한 생각을 바꾸는 내적 재해석 또는 조절적 대처방식만을 사용한다는 의미는 아니다. 노인들도 상황에 따라서는 동화적 대처 또는 적극적인 대처방식을 사용할 수 있으며 오히려 상황에 적절한 대처 방식을 다양하게 사용함으로써 정서대처의 효율성은 청년보다 더 높을 수 있다.

실제로, 일상생활에서 청년과 노년이 정서적 문제를 해결하는 방식은 차이가 있지만, 그 효율성에 있어서는 유의미한 차이가 나타나지 않는다는 연구들이 축적되고 있다(Berg, Klaczynski, Calderone, & Strough, 1994; Camp, Doherty, Cornelius & Caspi, 1987; Moody-Thomas, & Danny, 1989). 특히 개인의 지각방식과 문제 상황의 특성이 고려되어야 하는 정서가(emotionality)가 높은 대인관계 상황이 되면 이런 경향이 더욱 두드러진다(Berg 등, 1994; Blanchard-Fileds, 1986; Camp 등, 1989; LabouvieVief, 1992; Luszcz, 1989).

Blanchar-Fields와 Camp(1990)는 연령 증가에 따른 문제 해결 방식의 변화를 연구했다. 정서적 특출성(emotional saliency)이 낮은 영역(예: 물건 구입 문제)에 비해 정서적 특출성이 높은 영역(예: 가족과의 갈등)에서 노인들은 언제 회피해야 하고 언제 수동적으로 대처해야 하는지, 또한 언제 상황을 그대로 받아들여야 하는지를 잘 인식하고 판단한다. 청년 집단은 모든 문제에 대해 상대적으로 문제-초점적, 인지-분석적 접근을 하려고 시도한다. 노인들은 문제 상황에 대해 청년들에 비해 훨씬 차별적인 접근을 하고, 문제의 특성에 따라 상황을 구분하여 문제에 대해 적절하게 대처한다.

Blanchard-Fields, Jahnke, 그리고 Camp(1995), BlanchardFields, Chen, 그리고 Norris(1997)는 정서적 특출성이 높은 상황에서는 어떻게 대처하는지 15가지의 문제 상황을 제시하고 피험자들이 스스로 문제 해결 방법을 제안하게 한 다음, 정서적 관여도를 측정했다. 문제 해결 타입에 따라 문제 초점적 행동(problem focused action), 인지적 문제 분석(cognitive problem analysis), 수동 의존적 행동(passivedependent behavior), 회피적 사고(avoidant thinking) 그리고 부정(denial) 등 다섯 가지 해결방식으로 구분했다. 연령과 상관없이 대부분 정서 특출성이 낮은 문제에 대해서는 문제 중심적 방법을, 정서적 특출성이 높은 문제에 대해서는 인지적 분석 방법과 수동 의존적 방법이 주로 많이 사용되었다. 노인들은 다른 집단과 마찬가지로 문제 중심적 방법과 인지적 분석 방법을 사용했지만, 정서적 특출성이 높은 상황에서는 대부분 수동-의존적 방법을 사용했다. 통제 불가능한 상황에서는 수동적으로 상황을 받아들이는 것이 오히려 더 적응적일 수도 있다(Rodin & Langer, 1977; Rothbaum, Weiz, & Snyder, 1982). 대부분의 연구에서 노인들은 다른 연령집단에 비해 과도한 부적 정서는 회피하고, 때로는 상황을 받아들이고 이해하려는 시도를 통해 정서를 조절하는 것으로 나타났다(Blanchard-Fields & Irion, 1987; Folkman & Lazarus, 1980; LabouvieVief 등, 1987). 노인들은 광범위한 문제 해결 양식 레퍼토리를 갖고 있으며, 청년들에 비해 선호하는 해결 방식이 차이가 있으나 효율성은 상대적으로 높은 방식을 적절하게 사용하였다(Folkman 등, 1987; Prohaska, Leventhal, & Keller, 1985).

정리하면, 노년기에는 정서 조절 혹은 대처 방식이 변화하는데 그 목표는 정적 정서 경험을 최대화하고 부적 정서 경험을 최소화하는 것으로 과도한 부적 정서 경험이나 정서적 동요를 회피하고 적절하게 정서를 조절하며 정서최적화를 시도하는 것으로 볼 수 있다(Carstensen, 1992; LabouvieVief 등, 1987). 이러한 대처 양식의 변화는 성인기 후기의 성숙과 성장을 보여주는 것이기도 하다(Haan, 1977; LabouvieVief 등, 1987; Thomae, 1983; Vaillant, 1993).

3. 장노년기 정서자각 능력과 정서 표현성

1) 정서자각능력

정서지능(emotional intelligence)은 정서관련 정보를 자신의 사고와 행동을 결정하는 데에 적절하게 활용하는 능력으로 정의되는 데, 자기와 타인의 정서를 평가하고 표현하는 것, 자기와 타인의 정서를 조절하는 것, 정서를 적응적으로 활용하는 것의 세 가지 요소로 구분될 수 있다(Salovey & Mayer, 1990). 정서지능 연구자들은 정서지능이 자신과 타인에 대한 기분을 파악하고 그것을 조절하는 능력이라고 본다. 이런 생각을 토대로 Salovey, Mayer, Goldman, Turvey, 그리고 Palfai (1995)는 정서지능의 가장 핵심적인 요소라 할 수 있는 정서에 대한 주의, 정서 경험의 명료성, 정서의 개선 등 세 요소를 측정하는 척도(TMMS; Trait MetaMood Scale)를 개발하였다.

정서 명료성(emotional clarity)은 개별 정서들을 규명하고 기술하는 능력이다. 이는 단순히 자신의 기분이 좋고 나쁘다는 것을 아는 것과는 다른 것으로 정서를 이해하는 정도를 반영한다. 낮은 정서 명료성은 신경증, 고통에 대한 취약성, 정서 표현에 대한 양가적 감정과 같은 다양한 적응상의 문제와 관련이 있었다(Salovey 등, 1995). 정서에 대한 주의(attention to emotion)는 자신이 경험하는 정서에 주목하고 이를 평가하려는 경향이다. 자신의 정서에 주의를 기울이는 것은 공적 혹은 사적-자기의식, 공감, 신경증과 높은 관련이 있었다(Salovey 등, 1995; Swinkels & Giuliano, 1995). Gasper와 Clore(2000)의 연구에 의하면, 정서에 주의를 기울이고 정서가 가치 있는 것이라 여기는 사람들은 적절히 정서 조절 노력을 기울이는 것으로 확인되었다. 정서 개선(mood repair)은 부정적인 정서를 경험할 때 기분을 회복하고 정적 정서를 유지시킬 수 있다는 신념을 갖고 있는지를 확인하는 특성이다. 정서적으로 유능한 사람은 자신의 정서를 잘 느끼고 잘 변별함으로써 자신의 정서를 보다 정확히 이해하고 이에 대처하기 위해 적절한 노력을 할 것이다. 평소 자신의 느낌에 대해 매우 분명하다고 응답한 사람은 부적 정서를 유도시켰을 때 보다 빠르게 회복되었다(Salovey & Mayer, 1995). 또한 정서를 명확하게 아는 능력은 정적 감정의 경험빈도가 높고, 외향성 성향이 높으며, 자존감도 상대적으로 높고, 만족스러운 사회적지지 체계를 갖고 있다고 설명된다(Swinkles & Giuliano, 1995).

그렇다면, 연령 증가에 따라 정서 인식 능력은 어떻게 변화하는 것일까? 정서 조절을 잘 하려면 정서에 대한 주의를 기울여 명확하게 그 정서가 무엇인지 이해해야 하고, 조절을 했을 때 효과가 있을 것이라 긍정적으로 기대하는 것이 효율성을 더 높일 수 있을 것이다.

2) 정서표현성

정서표현성과 관련된 연구들은 일관적으로 높은 표현성을 긍정적인 대인관계에 효과적인 것으로 설명한다. 표현적인 사람들은 표현을 잘 하지 못하는 사람에 비해 타인에게 사랑을 더 받고(DePaulo, 1992), 눈에 더 잘 띄며(Sullins, 1989), 타인의 정서에도 많은 영향을 끼친다(Friedman, Prince, Riggio, & DiMatteo, 1980). 더불어 표현성의 소인적(dispositional)인 측면에 관한 연구도 활발히 진행되어 왔는데, 유아기 때부터 표현성에서의 안정적인 개인차가 존재한다(Buck, 1984; Field & Walden, 1982; Kagan, Renzick, Sidman, Gibbons, & Johnson, 1988)는 보고와 함께 표현성을 하나의 성격특질로 파악하는 관점이 생겨나게 되었다.

정서표현 특성에 대한 연구들은 개인의 정서표현 특성과 신체적 안녕 및 심리적 안녕간의 관계를 밝히고자 하였고, 특히 정서 표현이 건강, 질병, 면역 시스템의 기능 등과 관련된다는 것을 보여준다(이주일, 한정원, 황석현, 및 민경환, 1997; Kring, Smith, & Neale, 1994; King & Emmons, 1990; Riggio, 1986).

반면, Freud(1917) 이래로 정서를 자연스럽게 표현하지 않고 담아두는 것은 여러 가지 심리적, 신체적 병인이 된다고 간주되어왔고(Fridlund, Newman, & Gibson, 1984; Pelletier, 1985), 정서를 담아두기보다는 표현하는 쪽이 건강에 이로우며, 정서표현성의 결여는 심리신체적인 불편과 연관된다는 입장이 일반적으로 받아들여져 왔다. 특히, 정서 표현과 정서 경험을 정서지능의 관점에서 본 연구자들은 자신의 정서를 정확히 알고 표현하는 것이 개인이 적응적으로 기능하는 데 중요한 역할을 한다고 설명한다(Goleman, 1995; Salovey & Mayer, 1990).

노인을 대상으로 한 표현 연구들을 살펴보면 주로 얼굴 표정에 대한 연구들이 많다. Malatesta, Flore 그리고 Messina(1987)는 노인은 정서 표현을 잘 드러내지 않으며 정서 표현의 강도가 낮다는 것을 밝혔다. Malatesta와 Izard(1984)는 중년, 노년 여성들은 특히 정서 표현에 있어 위장(faking)을 잘 하며 여러 정서들을 혼합하여 표현하므로 정서 표현이 두드러지게 나타나지 않는다고 설명한다. 반면, MalatestaMagai, Jonas, Shepard, 그리고 Culvert(1992)는 청년에서 노년에 이르는 광범위한 피험자들을 대상으로 정서를 유도한 후 표정을 기록하여 분석한 결과, 노인은 분노, 슬픔을 더 잘 표현하는 것으로 나타났다.

노년기로 갈수록 정서 경험의 깊이가 더 깊어지고 정서를 조절하는 능력이 향상되며, 다양한 측면에서 대상을 바라볼 수 있는 능력들이 발달하여 정서 표현이나 인식차원에서 상이한 특성을 지니게 된다.

4. 장노년기 정서복잡성

정서복잡성(emotional complexity)이라는 개념은 아동들을 대상으로 정서 표현과 재인에 관한 연구를 통해 나타난 개념이다. 발달적 관점에서 볼 때, 일부 정서 연구자들은 다양한 정서들이 각기 상이한 연령에 따라 인지발달과 밀접한 연관을 가지면서 발달한다고 주장한다(유경과 민경환, 2001; Harter & Buddin, 1987; Izard, 1978; Lewis, 1993; Peng, Johnson, Pollock, Glasspool, & Harris, 1992).

　최근, 정서지능의 중요성이 부각되면서 정서 발달에 대한 관심이 증가하고 있으며, 정서지능의 구성요소로 다양한 정서 관련 정보를 변별하고 통합하는 과정을 포함하고 있다. 한 개인의 감정상태가 다양한 정서들 중 어떤 상태인지 구분할 수 있어야 하고, 그러한 정서를 경험하게 된 원인에 대해 정확한 귀인을 할 수 있어야 한다. 또한 사회적 관계의 유지를 위해 타인의 상태를 파악하고 적절히 반응하기 위해서는 타인의 정서 상태를 정확하게 파악하고, 해석할 수 있어야 한다. 이러한 정서능력은 변별과 통합과정을 포함하며, 한 개인의 특정 사건에 대한 해석을 반영하는 인지복잡성이 정서복잡성과 관련될 것이라 생각해 볼 수 있다. 하지만, 정서 측면에서 보면 정서 복잡성은 인지적 정보 처리와는 구분되는 상이한 처리과정을 포함한다.

　황석현(1998)은 개인차 변인으로서의 정서복잡성 개념을 타당화 하기 위해 Harter(1986)의 혼합정서 발달의 다섯 단계에 근거한 정서복잡성 채점 방식(Emotional complexity coding system)을 개발하여 정서복잡성을 측정하였다. 정서복잡성이 높은 사람들은 낮은 사람들에 비해 정서 경험을 명확히 이해하며, 대처능력과 공감능력이 우수하고 타인과 정서적 지지를 더 많이 주고받았다(Feist, 1994; Tetlock, 1993). 인지적 복잡성과의 관계를 확인하기 위해 ‘골수이식과제’를 통해 인지 복잡성 수준을 측정하고 정서복잡성과의 상관을 확인한 결과, 낮은 부적 상관을 확인했다. 인지적 복잡성이 높은 사람들은 자신과 타인의 정서상태를 이해하지 못하며, 정서적 교류 자체를 잘 시도하지 않는다(Feist, 1994; Tetlock, 1993). 이 연구에서는 인지복잡성과 구분되는 정서복잡성을 측정하기 위해 연구를 실시했고, 인지적 능력과 구분되는 정서적 특성을 확인했다.

　정서복잡성을 인지적 능력과 구분하여 측정하기 위해 그림자극을 이용하기도 하고 최대한 인지적 능력을 배제할 수 있도록 연구를 구성하기도 하지만, 정서 이해에 있어 인지적 능력을 배제한다는 것은 쉽지 않다. 또한 실험 과제를 정서적으로 복잡하게 처리하고 반응하는 사람이 일상생활에서도 다양한 정서를 경험하고 통합, 이해할 수 있는가에 대한 의문도 생긴다. 이를 확인하기 위해 Carstensen, Pasupathi, Mayr, 그리고 Nesselroade(2000)는 연령이 증가함에 따라 정서 경험이 보다 복잡해지고 혼합 정서를 빈번하게 경험한다는 가설을 확인하는 연구를 실시하였다. 청년에서 노년에 이르는 광범위한 연령 집단을 대상으로 호출기를 나누어주고 1주일 동안 하루에 5번씩 무선적으로 호출기가 울릴 때 배부된 질문지에 자신이 경험하는 정서의 강도와 빈도를 보고하도록 했다. 피험자가 경험하는 정서가 실제로 얼마나 다양한지 정서 변별(differentiation) 능력을 측정하고, 정서에 대한 예리함(poignancy)을 측정하기 위해 정적 정서와 부적 정서를 동시에 경험하는 경향이 있는지 확인했다. 연구 결과, 연령이 증가할수록 정서를 보다 복잡하고 예리하게 경험하는 것으로 나타났으며, 일상생활에서 경험하는 실제 정서들을 파악함으로써 인지적 능력이나 문제해결능력과 독립된 정서복잡성을 측정하였다.

그렇다면, 이러한 정서복잡성은 연령 증가에 따라 어떻게 달라지는가? Carstensen, Pasupathi, Mayr, 그리고 Nesselroade(2000)는 연령이 증가하면서 보다 복잡하고 다양한 정서를 경험하게 되는데, 여러 정서가 동시에 경험되는 혼합 정서를 보다 빈번하게 경험하고, 그러면서도 경험하는 여러 가지 정서 각각에 대해 잘 이해하는 정서복잡성이 증가된다고 한다. 노인들은 청년집단에 비해 보다 다양한 정서를 경험하며, 이들 중 정서복잡성이 높은 사람은 정서 통제를 더 잘하고, 부적 정서 수준이 낮으며, 신경증 성향은 낮았다. 그리고 노인들은 정적 정서와 부적정서를 동시에 경험하는 경우가 많았다. 반면, LabouvieVief, DeVoe, 그리고 Bulka(1989)는 청년과 중년집단으로부터 수집한 정서 이야기를 내용 분석하여 주관적 경험에서의 복잡성 변화를 살펴보았다. 청년집단은 내적, 주관적 느낌을 적게 보고하고 자신의 정서를 잊어버리거나 무시하고 주의를 분산하려는 의도를 흔히 보고했으나, 중년은 복잡한 정서경험을 이해하고 인정하며, 양가감정이나 정서적 긴장감을 받아들이고 참아내는 경향이 있었다. LabouvieVief, Chiodo, Goguen, Diehl, 그리고 Orwoll(1995), LabouvieVief, Diehl, Chiodo, 그리고 Coyle(1995)의 전 생애 연구 결과, 정서복잡성은 청년기에서 점차 증가해서 중년에서 정점을 이루고 생애 후기에 이르면 다소 감소하는 경향이 있다는 것을 밝혔다. 그러나 Diehl, Coyle, 그리고 LabouvieVief(1996)는 정서적 복잡성이 모든 사람이 중년에 최고조에 이를 수 있는 것은 아니라고 설명한다. 인지－정서적 복잡성이 잘 발달하지 못한 사람은 정서 기능의 제약이 커지고 경험에 깊이가 없어 적응이 어려울 수 있으며, 역량 부족으로 인해 정서 조절 방략을 적절하게 사용하지 못할 수 있다.

LabouvieVief와 Medler(2002)는 정서최적화와 정서복잡성을 자기 조절의 하위 유형으로 보고 이 두 가지 변인의 특성에 따라 네 가지 정서 조절 스타일을 구분했다. 첫째, 통합 집단(integrated group)은 정서복잡성이 높고, 정서 최적화 수준이 높은 집단으로 높은 수준의 정적 감정을 유지하고, 안녕감이 높으며, 사회적으로 잘 적응한다. 또한 개방성과 객관적인 태도로 자신에 대한 정적 정보와 부적 정보를 모두 통합하여 표상할 수 있다. 이 집단은 정적 감정이 적응에 통합적이고 창의적인 기능을 할 수 있다는 것을 보여준다(Fredrickson, 1998; Isen, 1987, 2000). 방어적 집단(defended group)은 높은 수준의 정적 감정을 유지하지만, 복잡성은 매우 떨어지며, 주로 부정이나 퇴행과 같은 방어기제를 사용한다. 정적 정서 적정화보다는 부적 정서를 최소화하는데 더 노력하고 정서적 각성을 최소화하는 것이 목표이므로 항상 방어적인 방략을 사용하게 된다(Greenberg, Solomon, & Pyszcynski, 1997). 부적 정서 각성을 줄이기 위해 극단적인 정적 판단을 하게 되고, 사고를 깊이 하지 않고 고정관념에 따라 판단을 하는 경향이 있다(Labouvie-Vief & Marquez, 2001; Paulhaus & Lim, 1994). 복잡 집단(complex group)은 정적 정서 수준과 안녕감은 낮지만 높은 수준의 혼합된 정서적 특성을 갖는다. 이들이 나타내는 복잡성은 통합 되었다기보다는 과분화 되어서 정적 감정과의 균형 있는 통합이 아닌 부적 경험을 하게 된다(Fredrickson,

1998; Showers, 1992). 그러나 이들은 적응적 문제가 있어 보이기도 하지만 어느 정도는 관용적이고 개방적이며, 자기-취약성에 대처할 수 있는 높은 수준의 인지적 복잡성을 지닌다. 조절불능 집단(dysregulated group)은 위의 세 집단에 비해 가장 적응에 어려움을 지닌다. 복잡성도 낮으며 사회 정서적 적응 수준도 낮다. LabouvieVief와 Medler(2002)의 연구에서는 노인 집단의 23%와 중년의 18%, 청년 집단의 43%가 이 집단에 속했다. 이러한 결과는 정적 정서를 많이 경험하고 부적 정서를 회피하는 정서최적화 특성이 적응에 언제나 긍정적인 것만은 아니라는 점을 시사하는 것이다. 상황의 여러 가지 상반된 측면들을 고려하고 통합한 후 정서최적화를 하는 것과 단순히 부적 정서를 회피하고 정적 정서에만 초점을 주어 최적화를 이루는 것은 적응에 상이한 차이가 있을 것이라는 설명이다.

정서복잡성 연구는 그 흐름상 정서와 인지간의 긴밀한 관련성을 강조해왔다. 이러한 입장에 기반을 둔 LabouvieVief 등(2001, 2002)의 연구들을 살펴보면, 정서복잡성은 다양한 정서경험뿐만 아니라, 대상 자극의 통합 능력, 성숙도 등 다양한 측면에서의 통합, 성숙이 포함되는 개념으로 정의된다. 이에 반해, Carstensen 등(2000)의 연구에서는 인지적 통합적 능력을 배제한 정서에만 초점을 두고 연구하였다. 일상생활에서 경험하는 정서를 기록하는 정서 일기를 통해 다양한 정서를 경험하고, 정적 정서와 부적 정서를 동시에 경험하는지 확인했고 정서 경험의 다양성을 측정할 수 있었다. 이와 같이 정서 복잡성은 많은 사람들의 관심을 불러일으키는 흥미로운 주제이기는 하지만 실제 연구자마다 연구 방법이 다르고, 정서 복잡성을 정의하는 측면이 상이하여 연구 결과가 일관되지 않았다. 연령 증가에 따라 정서를 더 다양하고 복잡하게 경험하게 되는 것인지, 부적 정서와 정적 정서를 동시에 경험하면서도 각각의 정서를 이해할 수 있는 것인지를 측정하는 연구를 통해 정서복잡성의 특성을 알아보는 연구가 필요하다. 이러한 연구를 통해 노년기 정서적 적응에 대한 정서최적화 이론에서 설명하는 정서최적화 특성이 주관적 안녕감 유지를 위해 노인들이 단순히 부적인 경험을 외면하고 정적인 경험만 단순하게 받아들이려는 특성인지, 아니면 상황의 긍정적인 측면과 부정적인 측면을 모두 인식하되 긍정적으로 받아들이려 조절 노력을 하는 것인지를 확인할 수 있을 것이다.

5. 장노년기 주관적 안녕감

노년기 연구에 있어서 삶의 만족도, 노년기 삶의 질을 구성하는 중요한 심리적 특성을 살펴보는 것은 매우 중요한 주제이다. 연령 증가에 따라 생물학적 변화가 일어나고 이로 인해 신체 기능의 다양한 영역에 있어서 수행이 감소하고 노화로 인한 감퇴가 일어나는데(Birren & Schie, 2001; Lindenberger & Baltes, 1997; Schneider, Rowe, Johnson, Holbrook, & Morrison, 1996), 이런 현실적인 문제에도 불구하고 노인들이 주관적 안녕감을 유지할 수 있다는 것을 밝힌 연구자들은 노인들이 자신이 처한 상황에서 최적화를 하기 위한 노력을 기울이기 때문으로 설명한다. 삶의 질을 측정하는 대표적인 변인인 주관적 안녕감 혹은 삶의 만족도는 대개 높은 정적 정서성과 낮은 부적 정서성으로 특징 지워 지는데(Diener, 1984; Myers & Diener, 1995), 이는 청년이나 중년기보다 노년기에 오히려 더 높아진다는 경험적 연구 결과들이 있다(Brandstädter & Greve, 1994; Carstensen, 1999; Carstensen, Pasupathi, Mayr, & Nesseloade, 2000; Diener, Colvin, Pavot, & Allman, 1991: Filipp, 1996; Jones & Meredith, 2000; Kleban, Rajagopal, Dean, & Paramelee, 1992: Lang & Carstensen, 2002; Lawton, 1989; Lawton, 1989; Lawton, Kleban, & Dean, 1993; Lawton, Van Haitsma, & Klapper, 1996; Magai & Halpern,

2001; Staudinger, Marsiske, & Baltes, 1995).

노년기에 회복 불가능한 노화와 쇠퇴가 일어난다는 사실은 명백하나, 실제로 이러한 특성이 주관적 삶의 질에 직접적으로 부정적인 영향을 준다는 경험적인 연구 결과는 많지 않다. 오히려 종단연구나 메타 분석(metaanalysis)을 활용한 연구 결과들을 보면, 삶의 만족도, 자존감, 우울성향은 중년에서 노년에 이르는 기간동안 상당히 안정적이다(Bengston, Reedy, & Gordon, 1985; Blazer, 1993; Diener & Suh, 1998; Rothermund & Brandtstädter, 2003; Stock, Okun, Haring, & Witter, 1983).

연령 증가로 인한 신체적 쇠퇴와 노화에도 불구하고 노년기에도 주관적 안녕감을 유지할 수 있다는 연구들이 많이 제시되고 있는데, 이러한 연구들은 노년기에 들어서도 정서적 지표(affective index)를 통해 정서최적화를 이루기 위한 노력을 기울이고 주관적 안녕감을 유지할 수 있다는 점을 강조한다(Ryff, 1989a, b). 즉, 사회적 지표의 감소가 반드시 주관적 안녕감의 저하를 의미하는 것은 아니며, 노년기에도 정서적으로 충분히 만족스러운 삶을 산다면 주관적 안녕감은 유지될 수 있다는 의미이다.

일부 해석에 의하면 노년기에 있어서 안녕감의 유지 혹은 상승은 노인들의 놀라운 적응적 '탄력성(resiliency)'을 보여준다고 한다(Staudinger, Fleeson, & Baltes, 1998). 탄력성은 삶의 상실 혹은 일시적 제한에 직면해서 정적 감정은 최대화하고 부적 감정은 최소화하려는 정서 최적화를 위한 개인의 처리과정을 반영하는 것이다(Brandstädter & Greve, 1994; Carstensen, 1999; Diener, Colvin, Pavot, & Allman, 1991; Lawton, 1989; Lawton, Kleban, Rajagopal, Dean, & Paramelee, 1992; Magai & Halpern, 2001; Staudinger et al, 1995).

Baltes와 Baltes(1990)는 성공적인 노화의 가장 일반적인 지표로 적응력(adaptivity)과 행동의 유연성(plasticity)을 들고 있다. 이것은 곧 노화과정에서 오는 외적, 내적 변화를 수용하고 탄력 있게 대처하는 준비성과 역량을 의미한다. 연구에 의하면 외향적이거나 개방적인 사람들이 사회적 접촉이 활발하고 삶의 변화에 융통성을 보이며 적응력이 높고(Costa & McCrae, 1992; Diener, Sadvik, Pavot, & Fujita, 1992), 자기 반영 능력이 있는 사람들은 스트레스 상황에서 발전적 변화를 위해 조절 노력을 할 수 있다(Helson & Srivastava, 2001). 그리고 개방성이 높은 사람은 신체적 노화나 질병에 임했을 때, 동화와 조절의 조화를 이루어 정서 중심적 대처와 문제 중심적 대처를 적절히 잘 사용한다(Whitbourne, 1996). 실제로 이런 성향이 높은 사람들은 삶의 스트레스에 대해 능동적으로 대처하는 경향이 있으며, 주관적 안녕감도 상대적으로 높은 것으로 밝혀지고 있다(김태현, 김동배, 김미혜, 이영진, 및 김애순, 1998; 1999).

많은 사람들이 성공적인 노화에 대해 관심을 많이 기울여 왔지만, 정서적인 측면에 초점을 두고 연구한 사례는 드물다. 정서최적화 이론에서 제안하는 바와 같이 노년기에도 정적 정서경험을 최대화하고 부적 정서경험을 최소화하려는 정서최적화 특성이 두드러지고 이러한 특성이 노년기 심리적 적응과 주관적 안녕감 유지에 도움을 준다는 사실은 우리가 노년기의 성공적인 삶을 준비하는데 정서적인 삶에 대한 이해와 대비가 필요하다는 점을 시사한다. 따라서 정서적 측면에 초점을 둔 성공적인 노화와 적응에 대한 연구가 많이 이루어져야 할 것으로 보인다.

Ⅲ. 연구 Ⅰ: 장노년기 정서 경험의 특성

Ⅲ 연구 Ⅰ : 장노년기 정서 경험의 특성

노년기에 접어들면, 신체적 노화와 사회적 역할의 상실로 인해 대인관계의 폭이 줄어들고, 정적 정서경험보다 부적 정서경험이 증가하며, 청년이나 중년에 비해 상대적으로 덜 행복할 것이라는 주장이 있어왔다. 하지만, 최근에는 정적 정서 경험은 최대화하고 부적 정서 경험은 최소화하려는 정서 최적화 특성이 노년기에 두드러지게 나타난다는 설명이 설득력 있게 받아들여지고 있다. 대표적으로 Carstensen(1992, 1995; Carstensen, Pasupathi, Mayr, & Nesseloade, 2000; Lang & Carstensen, 2002)의 사회정서적 선택 이론(socioemotional selectivity theory)과 Lawton(1989; Lawton, Rajagpal, & Dean, 1992; Lawton, Van Haitsma, & Klapper, 1996; Lawton, Kleban, & Dean, 1993)의 최적화 이론(optimization theory)이 그 예이다. 사회정서적 선택 이론에 의하면 연령 증가에 따라 정서 최적화 특성이 더 두드러지게 되는 이유는 사회적 목표의 중요도가 달라지기 때문인데 특히, 노년기에는 새로운 것을 배우고 경험하는 것보다는 친숙한 사람들과의 관계에서 정적 정서를 유지하도록 기분을 조절하는 것이 매우 중요한 것으로 설명한다(민경환, 유경, 및 김민희, 2004).

선행 연구 결과들을 정리해보면, 연구 결과가 다소 일관적이지 않지만 청년기와 중년기에 비해 노년기가 특별히 더 우울하거나 괴로운 시기는 아니며 오히려 더 행복하고 편안한 시기일 수도 있다는 점을 예상해볼 수 있다.

따라서 본 연구에서는 최근 여러 학자들이 주장하고 있는 노년기의 정서 최적화 현상이 어떻게 나타나는지를 정서 경험 측면에서 확인하고, 노년기에는 사회적 목표 중 새로운 것을 배우고 경험하는 목표보다는 정적 정서를 보다 많이 경험하고 부적 정서를 덜 경험하도록 정서를 조절하고 유지하는 목표가 더 중요한지 살펴보았다. 그리고 연령과 성별에 따라서 정서 경험과 중요하게 생각하는 사회적 목표에 차이가 있는데 이러한 특성이 주관적 안녕감 유지와는 어떠한 관련이 있는지 알아보았다.

본 연구에서 연구 물음은 다음과 같다: 연령과 성별에 따라 정서 최적화 특성은 정서 경험 측면에서 어떻게 나타나는가? 연령과 성별에 따라 삶에서 중요하게 생각하는 사회적 목표들은 어떻게 달라지는가? 연령과 성별에 따라 주관적 안녕감은 차이가 나타나는가?

1. 방 법

1) 참가자

연구 1에 참가한 연구 참가자는 총 1,046명이었다. 청년 집단은 서울대학교 심리학 개론 수강생으로 남자 159명, 여자 79명으로 총 238명(평균 연령 21.55세, 표준편차 2.34)이 참여했다. 중년집단은 서울과 수도권에 거주하는 48세 이상 65세 미만 성인으로 남자 250명, 여자 245명으로 총 495명(평균연령 54.38세, 표준편차 2.34)이 참여했다. 노년 집단은 서울과 수도권에 거주하는 65세 이상 80세 미만의 성인으로 남자 141명, 여자 142명으로 총 283명(평균연령 71.38세, 표준편차 4.19)이 참여했다. 최고령 집단은 80세 이상의 노인들로 남자 13명, 여자 16명, 총 29명(평균연령 84.24, 표준편차 3.20)이 참여했으나 응답의 신뢰도 문제로 인해 최종 분석에서 제외되었다. 중년과 노년집단의 연구 참여자 특성을 표 1에 제시하였다.

2) 도 구

① 정서 경험 빈도 측정

정서 경험의 빈도를 측정하기 위해 PANAS를 기본으로 노인들에게 자주 보고 되는 섭섭함과 평온함을 추가하여 김민희(2003)가 개발한 정서 경험 척도를 사용했다. 이 척도에는 분노, 슬픔, 섭섭함, 불안, 평온함, 기쁨/즐거움의 6가지 정서에 대해 각 정서 당 2개의 형용사를 포함하여 12문항으로 구성되어 있으며 각 형용사에 대해 해당하는 정서를 얼마나 자주 느끼는지 5점 척도상에서 반응하도록 구성되어 있다. 본 연구에서 측정된 12문항에 대한 내적 합치도 계수 *Cronbach* α는 .65이었다.

표 1. 중년, 노년 집단 연구 참가자 특성

		중년집단(48-64세) N(%)	노년집단(65-79세) N(%)
결혼여부	기 혼	470 (94.9)	172 (60.8)
	이 혼	7 (1.5)	2 (.7)
	사 별	12 (2.4)	109 (38.5)
	미 혼	6 (1.2)	0 (0)
	총 합	495 (100)	283 (100)
교육수준	무 학	18 (3.6)	30 (10.6)
	서 당	0 (0)	15 (5.3)
	초 졸	53 (10.7)	98 (34.6)
교육수준	중 졸	43 (8.7)	37 (13.1)
	고 졸	163 (32.9)	64 (22.6)
	대 졸	193 (39.0)	30 (10.6)
	대학원졸	25 (5.15)	9 (3.2)
	총 합	495 (100)	283 (100)
종 교	있 다	391 (78.9)	197 (69.6)
	없 다	104 (21.1)	86 (30.4)
	총 합	495 (100)	283 (100)
건 강	매우 좋다	29 (5.9)	57 (20.2)
	약간 좋다	149 (30.1)	114 (40.3)
	보통이다	251 (50.7)	70 (24.7)
	약간 좋지 않다	51 (10.3)	32 (11.3)
	매우 좋지 않다	15 (3.0)	10 (3.5)
	총 합	495 (100)	283 (100)
경제수준	매우 여유가 있다	36 (7.3)	38 (13.4)
	여유가 있는 편이다	99 (20.0)	75 (26.5)
	보통이다	275 (55.6)	143 (50.5)
	조금 어려운 편이다	74 (14.9)	16 (5.7)
	매우 어렵다	11 (2.2)	11 (3.9)
	총 합	495 (100)	283 (100)

② 사회적 목표 선호 측정

일상생활에서 중시하는 여러 가지 사회적 목표들에 대한 중요도가 연령에 따라 상이하게 나타나는지 확인하기 위해, 예비 연구를 통해 수집된 자료를 토대로 중요한 사회적 목표들의 목록을 산출했다. 사회적 목표는 1) 몸과 마음의 건강유지, 2) 자신의 감정 조절하기 3) 좋은 기분을 유지하는 것, 4) 능력 인정받기, 5) 생성감(generativity): 이 세상에 나의 흔적을 남기는 것, 6) 좋은 친구를 갖는 것, 7) 새로운 것을 배우는 것, 8) 삶을 개척하기 위해 도전하는 것, 9) 사랑하는 사람들과 행복하게 지내는 것 등 9가지의 목표로 구성되어 있고 이러한 목표의 중요도를 '전혀 중요하지 않다(1점)'에서 '매우 중요하다(5점)'까지 5점 척도상에서 보고하도록 구성되어 있다.

9가지의 사회적 목표를 CEFA 1.10(Comprehensive Exploratory Factor Analysis, Brown, Cudeck, Tateneni, & Mels, 2002)을 이용하여 요인 분석을 실시하고 그 요인 구조를 살펴보았다(표 2와 표 3 참조). 모형의 합치도(model fit)를 나타내주는 지표들을 살펴보면, 적절한 모형이라는 것을 잘 알려주는 지표인 RMSEA(Root mean square error of approximation)는 .05 이하이면 좋은 모형(close fit)이고, .05~.08은 적절한 모형(reasonable fit)을 의미하는데(Browne & Cudeck, 1993), 본 연구에서의 RMSEA는 .036으로 .05 이하이므로 좋은 모형으로 볼 수 있다. 그리고 Exceedance probabilities를 보면 [Ho: RMSEA ≤ .05]인 상황에서 그 설명력이 90.3%가 되므로 이 모형을 적절한 것으로 볼 수 있다.

척도의 내적 구조를 살펴보면, 정서관련 목표 요인은 몸과 마음의 건강을 유지하고 사랑하는 사람들, 좋은 친구들과 즐겁고 행복하게 지내며 자신의 정서를 조절하는 목표들이 포함된다. 정보추구 목표 요인은 새로운 것을 배우거나 도전하는 것이 포함되며, 능력인정 목표 요인은 능력을 인정받고 이 세상에 흔적을 남기는 생성감 목표 등이 목표들이 포함된다. 본 연구에서 이 척도의 내적합치도 계수 *Cronbach* α는 .68이었다.

표 2. 사회적 목표들의 요인구조[1]

	요 인 명		
	정서관련 목표	정보관련 목표	능력관련 목표
몸과 마음의 건강을 유지하는 것	.574	-.070	.030
사랑하는 사람들과 행복하게 지내는 것	.560	.005	.047
좋은 기분을 유지하는 것	.460	.059	-.125
내 감정을 잘 알고 조절하는 것	.230	.084	.042
좋은 친구를 갖는 것	.173	-.017	.129
새로운 것을 배우는 것	.003	.714	.234
삶을 개척하기 위해 새로운 것을 도전하는 것	.060	.477	-.052
나의 능력을 인정받는 것	-.029	.029	.769
이 세상에 나의 흔적을 남기는 것	.034	.078	.530

표 3. 사회적 목표−요인들 간의 상관

	정서관련 목표	정보관련 목표	능력관련 목표
정서관련 목표	1		
정보관련 목표	.398	1	
능력관련 목표	.368	.377	1

③ 주관적 안녕감 측정

삶에 대한 주관적 안녕감을 측정하기 위해 Campbell, Converse, 그리고 Rodgers(1976)가 개발한 주관적 안녕 지표(Index of Well-being)를 한정원(1997)이 번안한 것을 사용했다. 이 질문지는 보편적 안녕을 측

---

1) 고유치(unique variance)와 설명량(communality), 분석방법은 부록에 제시하였다.

정하는 지표 9문항과 일상생활에서의 전반적인 안녕을 평정하는 척도 1문항으로 구성되어 있다. 본 연구에서는 전반적인 안녕을 평정하는 척도 1문항만을 사용하였다.

④ 인구통계학적 변인

피험자의 연령, 성별, 학력, 건강, 경제적 수준, 배우자 생존 여부 등의 인구통계학적 변인들에 관한 질문을 포함했다.

⑤ 절 차

노년 집단과 최고령 집단의 경우, 대학생 노인 면접자를 공고를 통해 모집한 후 2시간 정도의 교육을 마친 후 직접 면접을 통해 질문지 내용을 완성하도록 하였다. 서울과 수도권에 위치한 사회복지관, 경로당, 노인대학을 중심으로 면접을 실시했으며 면접시간은 20분−30분 정도 소요되었다. 면접에 참여한 노인 분들과 면접자들에게는 소정의 수고비가 지급되었다. 중년 집단의 경우는 서울대학교, 한림대학교 심리학 개론 수강생들을 통해 부모와 친지에게 전달하여 질문지를 완성하도록 하였다. 소요시간은 20-25분 정도 되었고, 질문지를 완성해준 피험자에게 소정의 수고비를 지급하였다. 마지막으로 청년 집단은 학점이수조건으로 수업시간에 질문지를 통한 연구에 참여하도록 했으며, 20-25분 정도 소요되었다. 청년 집단을 제외한 중년, 노년, 최고령 집단에 대해서는 결혼여부, 건강, 경제적 상태, 교육 수준 등의 인구통계학적 변인을 기록하도록 하였다.

2. 결 과

1) 연령과 성별에 따른 정서 경험의 차이

연령에 따른 정서 경험의 차이를 확인하기 위한 연구를 실시하였고, 그 결과를 표 4에 제시하였다. 청년, 중년, 노년 모두 비교한 결과, 모든 정서 경험에서 유의미한 연령차가 확인되었고, 부적 정서 중 슬픔, 섭섭, 불안정서는 유의미한 성차와 더불어 연령과 성차의 상호작용이 나타났다.

표 4. 연령과 성별에 따른 정서 경험의 차이

연령 집단	성별	기쁨	평온	정적 정서	분노	슬픔	섭섭	불안	부적 정서
청년 집단	남 $N{=}159$	3.66 (.69)	3.51 (.77)	3.54 (.66)	3.22 (.89)	2.70 (1.02)	2.85 (.92)	2.65 (.82)	2.87 (.65)
	여 $N{=}79$	3.89 (.67)	3.55 (.84)	3.65 (.69)	3.10 (.83)	2.72 (1.09)	2.82 (1.05)	2.60 (.93)	2.83 (.72)
	합 $N{=}238$	3.74 (.69)	3.52 (.79)	3.58 (.67)	3.18 (.87)	2.70 (1.04)	2.84 (.96)	2.63 (.86)	2.85 (.67)
중년 집단	남 $N{=}250$	3.32 (.90)	3.27 (.94)	3.30 (.83)	2.70 (.92)	2.33 (.95)	2.41 (.85)	2.39 (.97)	2.46 (.75)
	여 $N{=}245$	3.29 (1.04)	3.28 (.98)	3.28 (.95)	2.68 (.95)	2.51 (.99)	2.50 (.92)	2.42 (1.03)	2.53 (.81)
	합 $N{=}495$	3.32 (.97)	3.29 (.93)	3.30 (.88)	2.69 (.93)	2.42 (.96)	2.45 (.78)	2.38 (.99)	2.49 (.77)
노년 집단	남 $N{=}141$	3.34 (1.03)	3.48 (.99)	3.41 (.92)	2.70 (.92)	2.56 (1.11)	2.80 (1.13)	2.18 (.97)	2.56 (.86)
	여 $N{=}142$	3.17 (1.05)	3.27 (1.06)	3.22 (.98)	2.77 (1.16)	3.13 (1.19)	3.19 (1.09)	2.77 (1.22)	2.96 (.93)
	합 $N{=}283$	3.25 (1.05)	3.37 (1.03)	3.31 (.95)	2.73 (1.11)	2.85 (1.19)	3.10 (1.10)	2.48 (1.14)	2.76 (.92)
$F(2,1010)$	연령 주 효과	22.71[***]	5.47[**]	9.87[***]	18.36[***]	16.75[***]	30.93[***]	4.15[*]	19.02[***]
$F(1,1010)$	성차 주 효과	.01	.70	1.86	.10	13.20[***]	5.14[*]	8.90[**]	7.08[**]
$F(2,1010)$	상호 작용	2.74	1.60	1.86	.59	4.80[**]	3.28[*]	8.16[***]	5.35[**]

[***] p<.001, [**] p<.01, [*] p<.05

청년 집단은 슬픔을 제외한 모든 정서를 가장 빈번하게 경험하고, 중년 집단은 다른 두 연령집단에 비해 정서 경험을 가장 덜 하는 것으로 나타났다. 노년 집단은 중년보다 정서를 자주 경험하는 것으로 밝혀졌다. 청년 집단을 제외하고 중년 집단과 노년 집단을 비교하였더니, 노년집단이 중년 집단에 비해 섭섭함과 슬픔을 더 자주 경험하는 것으로 나타났다〔섭섭 $t=$ 7.44, $df=$1013, p<.001; 슬픔 $t=$5.50, $df=$1013, p<.001〕.

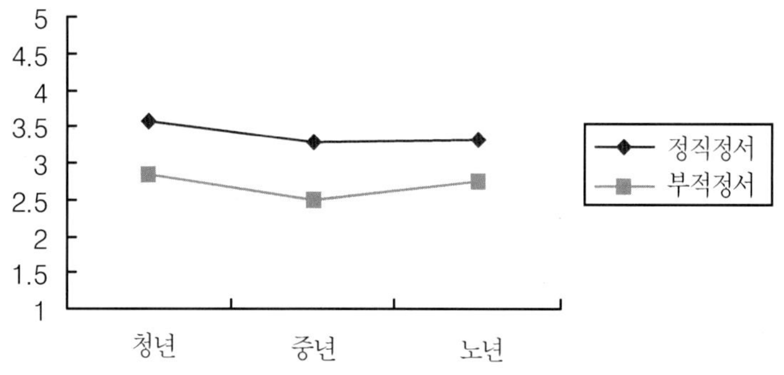

그림 2. 연령에 따른 정적 정서 경험과 부적 정서 경험의 차이

정서 경험을 전체적으로 살펴보면, 정적 정서 경험을 부적 정서에 비해 더 많이 경험하는 특성은 노년집단뿐만 아니라 모든 연령집단에서 유사하게 나타났다. 그 중 중년집단과 노년집단을 비교하면 노년집단이 중년집단에 비해 부적 정서 경험이 다소 증가하지만 정적 정서를 부적 정서에 비해 더 많이 경험하는 것으로 보아 정서최적화 특성이 노년기에도 유지되고 있다는 것을 확인하였다(그림 2 참조).

정적 정서 경험과 부적 정서 경험의 차이를 통해 정서최적화 지수2)를 산출

2) 정적 정서 경험 빈도와 부적 정서 경험 빈도 차이를 통해 정서 최적화 지수를 산출하였다. 정적 정서를 부적 정서에 비해 더 많이 경험하는 특성을 정서 최적화 또는 주관적 안녕감과 유사한 의미로 해석하기도 하므로 본 연구에서 산출한 '정

하고 중년집단과 노년집단의 정서최적화 지수를 비교해 본 결과, 노년집단이 중년집단에 비해 정서최적화 지수가 더 작은 것으로 나타났다[t=2.37, df=1013, p<.05](그림 3 참조). 이러한 결과는 노년집단이 경험하는 정적 정서와 부적 정서의 차이가 중년에 비해 적다는 것을 보여준다. 이와 같은 결과는 정적 정서 경험은 중년과 노년의 차이가 없으나 연령증가에 따라 부적 정서 경험이 다소 증가하기 때문에 나타나는 결과이며 이러한 차이가 정서최적화에 이르는 방법이 연령에 따라 다르게 나타나도록 하는 요인이 된다.

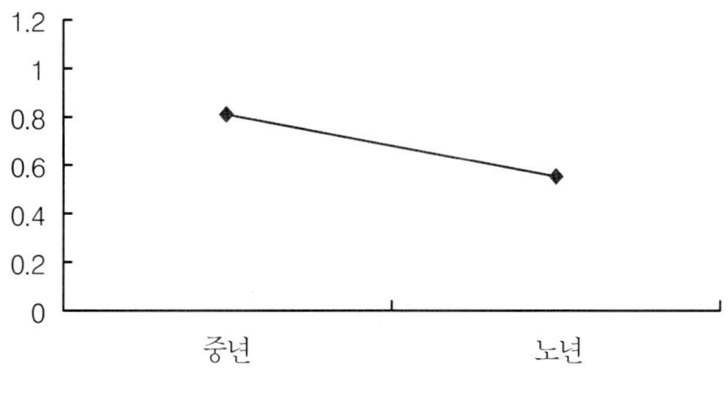

그림 3. 정서최적화 지수에서의 연령차

노년집단의 정서최적화 지수를 중년집단과 비교해 살펴보면, 노년집단의 정서최적화 방식은 정적 정서를 최대화 시키는 방식이라기보다는 부적 정서 경험을 최소화하기 위한 방식일 것이라 예상해 볼 수 있으며, 이러한 특성이 노년기 주관적 안녕감 유지와 정서최적화에 적절한 방법이 될 것으로 볼 수 있다.

① 노년 집단의 정서경험 특징과 성차

노년 집단은 기쁨이나 평온과 같은 정적 정서를 자주 경험하며, 슬픔이나

서최적화 지수로 정서 경험에서의 정서최적화 정도를 살펴보았다. 이 지수가 0이상이면 정적 정서를 부적 정서에 비해 더 많이 경험하고 있다는 의미이고, 그 크기에 따라 정서가에 따른 정서 경험의 차이를 추정할 수 있다.

분노와 같은 부적 정서를 상대적으로 덜 경험하였다. 정적 정서 내에서는 기쁨보다는 평온을 더 자주 경험하고, 부적 정서 내에서는 섭섭>슬픔>분노>불안 순으로 경험하는 것으로 나타났다[$F_{(5, 1410)}=26.79$, p<.001].

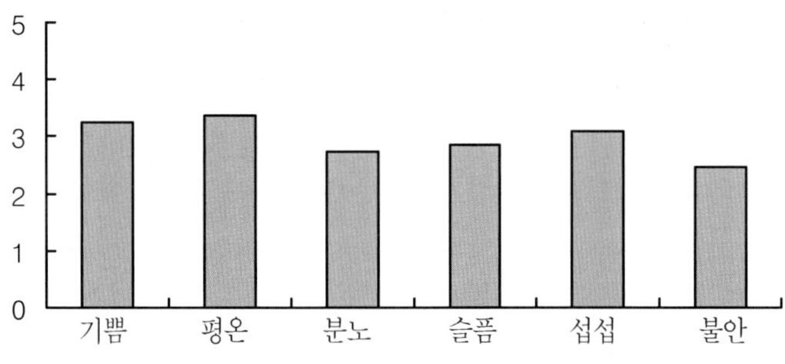

그림 4. 노년 집단의 정서 경험의 차이

　정적 정서 경험에 있어 기쁨보다는 평온을 더 자주 경험하고 부적 정서 중에서도 섭섭, 슬픔을 보다 자주 경험하는데, 이러한 특성은 노년기에는 각성수준이 높은 정서보다는 상대적으로 각성수준이 낮은 정서를 보다 빈번하게 경험한다는 것을 보여준다(그림 4 참조).

표 5. 노년 집단 정서 경험의 성차

	남자(N=141)	여자(N=142)	df	t
	평균(표준편차)	평균(표준편차)		
기　　쁨	3.34 (1.03)	3.17 (1.07)	281	1.37
평　　온	**3.48** (.99)	**3.27** (1.06)	281	1.77
정적정서	3.41 (.92)	3.22 (.98)	281	1.69
분　　노	2.70 (1.05)	2.77 (1.16)	281	-.55
슬　　픔	2.56 (1.11)	3.13 (1.19)	281	-4.13[***]
섭　　섭	2.80 (1.13)	3.19 (1.09)	281	-2.94[**]
불　　안	2.18 (.97)	2.77 (1.22)	281	-4.50[***]
부적정서	2.56 (.86)	2.96 (.93)	281	-3.68[***]

[***] p<.001,　[**] p<.01

여성은 남성에 비해 분노, 슬픔, 섭섭, 불안을 더 많이 경험하는 것으로 나타났다〔슬픔 t=-3.701, df=102, p<.001; 불안 t=-4.231, df= 102, p<.001; 섭섭 t=-2.409, df=102, p<.05〕(표 5 참조).

② 중년 집단의 정서경험 특징과 성차

중년 집단은 노년 집단과 청년 집단에 비해 전반적으로 정서를 가장 덜 경험하며, 특히 노년 집단에 비해서도 정서 경험 빈도가 낮다는 점은 매우 특징적이다.

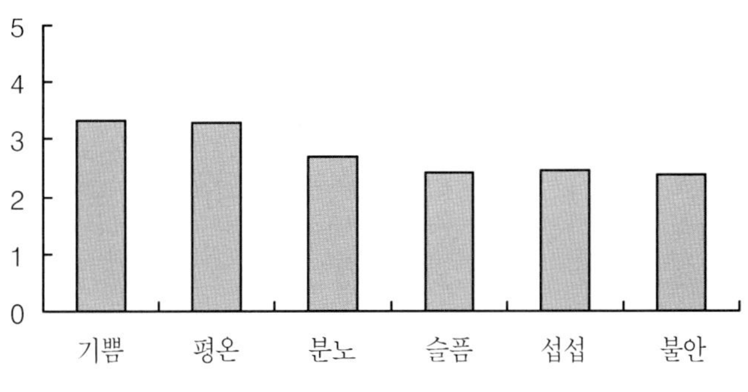

그림 5. 중년집단 내 정서 경험의 차이

중년 집단 내 정서 경험의 차이를 살펴보면 정적 정서는 기쁨을 평온보다는 더 자주 경험하고, 부적 정서 경험에서는 분노>섭섭>슬픔>불안의 순으로 경험하는 것으로 나타났다〔$F_{(5, 2470)}$=117.57, p<.001〕(그림 5 참조).

표 6. 중년 집단 정서 경험의 성차

	남자($N=250$)	여자($N=245$)	df	t
	평균(표준편차)	평균(표준편차)		
기　　쁨	3.32 (.90)	3.29 (1.04)	493	.37
평　　온	3.27 (.94)	3.28 (.98)	493	-.14
정적정서	3.30 (.83)	3.28 (.95)	493	.82
분　　노	2.70 (.92)	2.68 (.95)	493	.19
슬　　픔	2.33 (.95)	2.51 (.99)	493	-2.04[*]
섭　　섭	2.41 (.85)	2.50 (.92)	493	-1.10
불　　안	2.36 (.97)	2.42 (1.02)	493	- .72
부적정서	2.46 (.75)	2.53 (.81)	493	-1.01

[*] $p<.05$

중년 집단은 여성이 남성에 비해 슬픔을 더 자주 경험하였다[$t=-2.044$, $df=493$, $p<.05$](표 6. 참조).

③ 청년 집단의 정서경험 특징과 성차

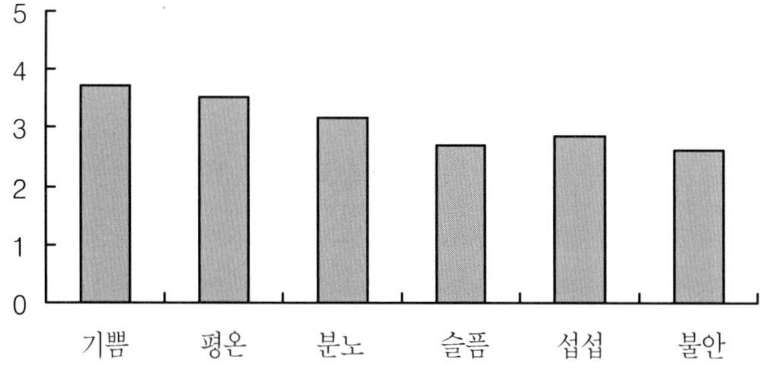

그림 6. 청년집단 내 정서경험의 차이

청년 집단은 중년과 노년에 비해 다양한 정서를 더 자주 경험하며, 부적 정서 경험에 비해 정적 정서를 더 자주 경험한다. 정서 경험에 있어 각성 수준이 높은 분노와 기쁨과 같은 정서들을 슬픔이나, 평온함과 같은 각성수준이 낮은 정서보다 자주 경험한다$[F_{(5, 1185)}=70.94,\ p<.001]$(그림 6 참조). 여성이 남성보다 기쁨을 더 자주 경험하는 것으로 나타났다$[t=-2.400,\ df=236,\ p<.05]$.

성별과 연령에 따른 정서 경험을 살펴본 결과, 연령증가에 따라 정서 경험에 차이가 나타났지만 전체적으로 부적 정서에 비해 정적 정서를 더 자주 경험하는 것으로 나타났다. 노년집단이 정서최적화를 이루는 방식은 정적 정서를 보다 많이 경험하는 쪽보다는 부적 정서를 덜 경험하고 심리적 동요를 줄이는 방식으로 정서최적화를 시도하는 것으로 예상해 볼 수 있다. 이러한 결과는 정서 경험 특성을 통해서도 확인할 수 있는데, 노년 집단의 경우에는 특히 각성수준이 상대적으로 낮은 정서들을 더 자주 경험하는 것으로 나타났고 정서최적화 지수도 낮았다. 이는 노년기 정서최적화 유지에 기여하는 특성으로 볼 수 있다.

2) 연령에 따른 사회적 목표의 중요도 차이

정서관련 목표는 중년집단에 비해 노년집단에게 더 중요한 것으로 나타났고, 지식관련 목표의 중요도는 중년과 노년집단 간 차이가 없었다. 청년 집단에게는 다른 연령집단에 비해 정서관련 목표, 지식관련 목표가 모두 가장 중요한 것으로 나타났다(표 7 참조).

표 7. 연령과 성별에 따른 사회적 목표의 중요도 차이

연령 집단	성 별	정서관련목표	정보관련목표	능력관련목표
청년 집단	남 N=159	4.33 (.47)	3.74 (.79)	3.78 (.85)
	여 N=79	4.42 (.47)	3.96 (.72)	3.74 (.84)
	합 N=238	4.36 (.47)	3.81 (.78)	3.77 (.84)
중년 집단	남 N=250	4.16 (.77)	3.74 (.80)	3.63 (.88)
	여 N=245	4.34 (.88)	3.65 (.89)	3.46 (.93)
	합 N=495	4.25 (.83)	3.69 (.85)	3.54 (.91)
노년 집단	남 N=141	4.38 (.48)	3.74 (1.03)	3.63 (.97)
	여 N=142	4.37 (.81)	3.52 (1.07)	3.47 (.97)
	합 N=283	4.38 (.66)	3.63 (1.01)	3.55 (.97)
$F(2,1010)$	연령주 효과	3.98[*]	3.80[**]	4.72[**]
$F(1,1010)$	성차주 효과	3.06	.26	4.00[*]
$F(2,1010)$	상호 작용	1.64	3.95[*]	.41

[**] p<.01, [*] p<.05

대인관계와 정서조절과 관련된 정서관련목표는 노년집단에게 가장 중요한 목표로 나타났고, 연령에 따라 사회적 목표에서의 중요도가 차이가 있었다. 정보관련 목표나 능력관련목표는 청년에게 가장 중요한 것으로 나타났고 상대적으로 노년집단에게는 덜 중요한 목표로 확인되었다. 이러한 결과는 노년기 삶에 있어서 행복한 기분을 유지하고 정서를 조절하는 것이 매우 중요한 목표가 된다는 것을 보여준다. 노년기에 새로운 일에 도전을 하거나 새로운 정보를 얻는 것이 심리적 동요나 스트레스를 유발할 수 있기 때문에 심리적 안녕감 유지를 위해 정서 목표를 더 중요하게 생각하고 이를 위해 에너지를 효율적으로 사용하고자 하는 특성으로 볼 수도 있다.

정서최적화 이론 중 Carstensen(1992)의 사회정서적 선택 이론에 의하면 연령 증가에 따라 정서최적화 특성이 두드러지는데, 이러한 특성은 사회적 목표 중 정서 조절의 목표가 다른 목표에 비해 더 중요해지기 때문이라고 설명한다. 본 연구에서도 청년, 중년, 노년집단에 대해 여러 사

회적 목표 중 중요도를 확인해 본 결과, 노년집단은 정서를 조절하여 행복한 기분을 유지하는 정서관련 목표를 다른 연령집단에 비해 더 중요하게 여긴다는 것을 확인했다.

3) 연령과 성별에 따른 주관적 안녕감의 차이

청년 집단은 중년과 노년집단에 비해 주관적 안녕감이 높지만$[F(2,1013)=14.47,\ p<.001]$, 중년과 노년간의 차이는 없었다.

중년과 노년집단만을 비교해서 살펴보면, 연령과 성별에 따라 경험하는 정서가 상이함에도 불구하고 주관적 안녕감에는 유의미한 차이가 없었다. 이러한 결과는 측정한 도구가 1문항으로 이루어진 데 기인할 수 있다. 하지만, 주관적으로 보고하는 안녕감 수준이 연령이나 성별에 따른 차이가 없다는 점은 매우 흥미로운 결과다. 노인이 되면 당연히 주관적 안녕감이 저하되고 부적 정서를 더 많이 경험할 것이라 흔히 생각하지만 그렇지 않을 수도 있으며 노년기에 청년이나 중년에 비해 주관적 안녕감 유지를 위한 효과적인 노력을 선택적으로 기울일 수 있다는 것을 보여준다.

4) 인구통계학적 변인에 따른 주관적 안녕감의 차이

노년 집단의 주관적 안녕감에 영향을 미치는 인구통계학적 변인들을 살펴보았다. 노년 집단의 남성의 경우에는 건강이, 여성의 경우에는 경제상태가 주관적 안녕감에 긍정적인 영향을 주는 것으로 확인되었다(표 8 참조).

표 8. 주관적 안녕감에 미치는 인구통계학적 변인들의 영향: 노년집단

	남자($N=141$)		여자($N=142$)	
	Beta	*t*	*Beta*	*t*
경제상태	.437	4.266[***]	.157	1.584
건　강	.090	.952	.342	3.502[***]
교육수준	-.062	-.603	.011	.117
F 값	$F(3,137)=6.815$[***]		$F(3,138)=6.566$[***]	
R^2	.182		.172	

[***] p<.001,　[**] p<.01,　[*] p<.05

중년 집단의 경우, 남성과 여성 모두 경제 상태와 건강이 주관적 안녕감을 설명하는데 중요한 변인이었다(표 9 참조).

표 9. 주관적 안녕감에 미치는 인구통계학적 변인들의 영향: 중년집단

	남자($N=250$)		여자($N=245$)	
	Beta	*t*	*Beta*	*t*
경제상태	.410	4.968[***]	.390	4.596[***]
건　강	.285	3.546[***]	.291	3.698[***]
교육수준	.028	.328	.096	1.227
F 값	$F(3,246)=16.410$[***]		$F(3,138)=23.100$[***]	
R^2	.298		.364	

[***] p<.001,　[**] p<.01,　[*] p<.05

배우자 생존 유무에 따라 정서 경험과 주관적 안녕감은 어떻게 달라지는지 알아보았다. 배우자가 생존해 있는 경우 주관적 안녕감과 정적 정서 경험에 있어서는 유의미한 성차가 나타나지 않지만, 남성이 여성보다 부적 정서를 더 많이 경험하는 것으로 나타났다[$F(1,759)=22.56$, p<.001]. 그리고 부적 정서 경험과 주관적 안녕감에 대해 성별과 연령의 상호작용 효과가 있었다[부적 정서 경험 $F(1,759)=17.08$, p<.001; 주관적 안

녕감 F (1,759)=.17.08, p<.05].

배우자 생존에 따라 구분한 집단을 비교해 보면, 배우자가 사망한 집단이 배우자가 생존해 있는 집단에 비해 부적 정서를 더 많이 경험했다. 정적 정서 경험에 있어서는 유의미한 성차가 나타나지 않지만, 배우자가 사망한 경우에는 여성이 남성에 비해 부적 정서를 더 많이 경험했다[t=-3.43, df=139, p<.001]. 특히 슬픔, 섭섭, 불안의 정서를 더 많이 경험하는 것으로 확인되었다[슬픔 t=-3.01, df=139, p=<.01; 섭섭 t=-3.01, df=139, p<.001; 불안 t=-3.41, df=139, p<.001](그림 7. 참조). 이러한 성차는 배우자가 생존한 집단에서는 나타나지 않았다. 그리고 배우자 사망 시 남성에 비해 여성이 주관적 안녕감이 낮았다[t=2.09, df=139, p<.05](그림 8 참조).

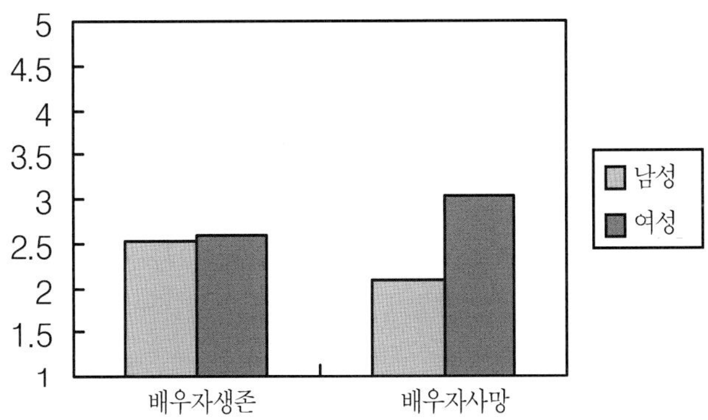

그림 7. 배우자 생존여부에 따른 부적 정서 경험의

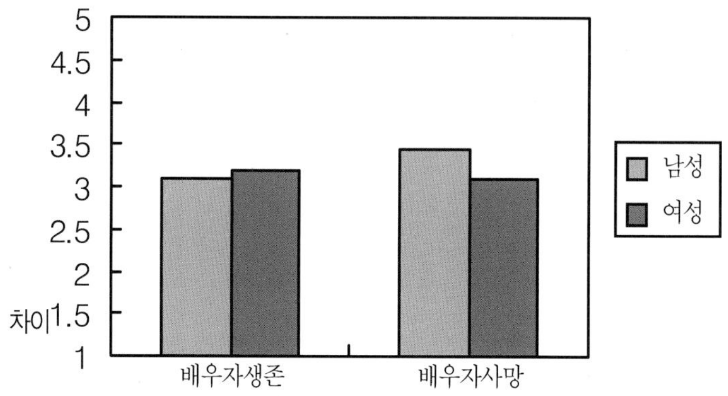

그림 8. 배우자 생존여부에 따른 주관적 안녕감의 차이

3. 논 의

연령에 따른 정서 경험의 차이를 살펴보았더니, 전체적으로 부적 정서에 비해 정적 정서를 더 많이 경험하는 것으로 나타났다. 중년에서 노년에 이르는 시기에 정적 정서 경험에는 유의미한 차이가 없었으나 부적 정서 경험은 다소 증가하였다. 이러한 특성은 노년기에는 정적 정서 경험을 최대화하고 부적 정서 경험을 최소화하며 주관적 안녕감을 유지하기 위해 정서를 조절한다는 정서 최적화 이론(Carstensen, 1992, 1995; Carstensen, Pasupathi, Mayr, & Nesseloade, 2000; Lang & Carstensen, 2002, Lawton, 1989; Lawton, Rajagpal, & Dean, 1992; Lawton, Van Haitsma, & Klapper, 1996과 Lawton(Lawton, Kleban, & Dean, 1993)과 다수의 경험적 연구 결과(Carstensen, Gottman, & Levenson, 1995; Carstensen, Graff, Levenson, & Gottman, 1996;

Lawton, 1989; Lawton, Rajagpal, & Dean, 1992; Lawton, Van Haitsma, & Klapper, 1996; Mroczek, 2001; Mroczek & Kolarz, 1988; Weissman, Leaf, Bruce, & Florio, 1988)를 뒷받침해주는 것이다.

노인들은 정서적 변화로 인한 심리적 동요를 줄이고 정서최적화를 위해 되도록 강렬한 정서를 경험하는 것을 꺼렸다. 이러한 예상을 뒷받침 해주는 증거는 노년집단이 다른 두 연령집단에 비해 평온, 섭섭, 슬픔과 같이 정서적 각성 수준이 낮은 정서를 각성 수준이 높은 정서에 비해 더 자주 경험했다는 것이다. 노년기에는 정서최적화의 목표를 위해 에너지를 투여하지만 과도한 갈등과 실패를 피하고 정서적 동요를 최소화하기 위해 정서를 조절하게 된다. 본 연구 결과만으로 단정하기는 어렵겠지만 노년기에는 정서최적화 방식이 정적 정서를 최대화 하는 것보다는 부적 정서경험을 최소화하려는 노력이 더 두드러질 것이라 예상해볼 수 있다.

정서 최적화를 설명하는 Carstensen(1992)의 사회정서적 선택 이론에 의하면, 노년기에는 여러 가지 중요한 사회적 목표 중 정서 조절목표가 중요해지며 안녕감 유지를 위해 사회적 관계망도 자신이 좋아하고 친밀하게 생각하는 사람들과의 관계로 축소한다. 본 연구에서 청년, 중년, 노년 집단에게 사회적 목표들을 제시한 후 중요도를 측정한 결과, 정서관련목표가 다른 연령 집단에 비해 노년기에 중요한 목표이고 정보관련목표와 능력관련목표는 상대적으로 덜 중요하다는 것을 확인했다. 노년기에 좋은 친구를 갖고 행복감을 유지하기 위해 정서를 조절하는 것이 중요해진다는 사실은, 심리적으로 가깝고 중요한 사람과의 돈독한 관계를 통해 자신의 기분을 긍정적으로 조절하여 정서최적화를 유지하려는 특성으로 볼 수 있다.

중년과 노년 집단의 경우, 여성이 남성에 비해 부적 정서를 더 많이 경험하는 것으로 나타났는데 이는 일상생활에서 부적 정서가 유발되는 생활사건을 여성들이 보다 빈번하게 경험하고 있다는 것을 보여주는 것이다(Adelmann, Antonucci, Crohan, & Coleman, 1989; Barrett, Lane, Sechrest, & Schwartz, 1999; Diener, Sandvik, & Larsen,

1985; Fujita, Diener, & Sandvik, 1991, Glenn, 1975; Grossman & Wood, 1993; White & Edwards, 1990). 여성 노인의 문제는 나라마다 다르지만, 대체로 남성 노인에 비해 여성 노인들이 경제적, 사회적, 건강상의 측면에서 불리한 조건에 놓여있는 것으로 알려져 있다. 우리나라의 경우도 이미 많은 실태 조사에서 여성 노인들이 남성노인들에 비해 긴 평균 수명, 열악한 취업여건, 건강상태의 악화, 배우자의 사망, 낮은 교육수준으로 인해 노후에 부적응이 더 심각할 수 있다고 보고되고 있다(김익기, 1999; 박기남, 2004; 이가옥, 이현송, 및 김정석, 2000).

배우자가 생존한 집단에서는 부적 정서 경험이나 주관적 안녕감에 있어 유의미한 차이가 없으나, 배우자가 사망한 경우에는 남성에 비해 여성이 부적 정서를 현저히 많이 경험하고 주관적 안녕감이 상대적으로 낮았다 (Mroczek & Kolarz, 1998; Koo, Rie, & Park, 2004). 노년기 스트레스를 유발시키는 스트레스원 중 가장 큰 비중을 차지하는 것은 상실감의 문제이며, 노년기 상실감의 주요한 사건은 배우자와의 사별이다. 노년기는 부부관계가 가장 중심적이고 모든 생활의 기본이 되는 시기이므로 이때 배우자와의 사별은 노인에게 가장 큰 위기로 작용한다(임주영과 전귀연, 2004). 따라서 수명의 차이로 남성에 비해 여성 노인 인구비율이 상당히 높은 우리나라의 현실에서 홀로된 노년 여성들이 주관적 안녕감이 낮다는 결과는 중요한 의미를 갖는 것이다.

정리하면, 정서 경험과 사회적 목표 차원에서 정서최적화 특성이 어떻게 나타나는지 확인하였는데, 정서최적화 특성은 모든 연령에서 나타났다. 정서관련목표가 정보나 능력관련목표에 비해 노년기에 더 중요하고, 다른 연령집단과 비교해 보았을 때에도 노년기에 정서관련목표가 가장 중요한 것으로 나타났다. 정서 경험에서의 차이를 살펴볼 때, 노년기에 정서최적화를 이루는 방식은 정적 정서 경험을 극대화하는 방식이라기보다는 부적 정서 경험을 최소화하기 위한 방식으로 나타날 것이다. 또한 노년집단은 각성수준이 낮은 정서들을 상대적으로 더 자주 경험함으로써 정서적 동요를 줄이고 정서최적화를 유지하고자 하는 것으로 나타났다. 이러한 결과를 통해서 볼 때, 정서최적화 특성이 어떤 연령대에서 두드러지는지를 살펴보는 것보다는 상이한 연령집단이 정서최적화를 이루는 방식에 초점을 두고 살펴보는 것이 더 적절하다. 따라서 다양한 정서적 특성과 요인들과 정서최적화의 관계를 연구 2에서 알아보고자 한다.

Ⅳ. 연구 Ⅱ: 장노년기 정서적 특성이 주관적 안녕감에 미치는 영향

Ⅳ 연구 Ⅱ: 장노년기 정서적 특성이 주관적 안녕감에 미치는 영향

나이가 들면 희로애락의 감정이 무뎌지고 덜 정서적일 것이라는 예상과 달리, 노년기에는 노화로 인한 신체적 쇠퇴와 가까운 사람들과의 사별로 인해 여러 가지로 부적 정서를 경험할 가능성이 증가함에도 불구하고 중년에 비해 더 정서적이며 정적정서 경험을 최대화하고 부적정서 경험을 최소화하려는 정서최적화를 통해 주관적 안녕감을 유지한다는 결과는 노인들이 부적정서에 대해 잘 대처한다는 것을 보여주는 것이기도 하다.

중년에서 노년에 이르는 시기의 정서 경험 조절과 대처능력에 대한 선행 연구들에서는 노년에 이를수록 정서 통제와 조절 능력이 향상되며, 특히 상황을 억지로 바꾸어 보려는 노력보다는 오히려 상황을 있는 그대로 받아들이고 자신의 생각을 바꿈으로써 상황에 적응하고자 하는 노년기 특유의 정서 조절대처 방식들이 있다고 설명한다(Brandtstädter, 1986; Brandtstädter & Rothermund, 2002; Brandstädter, Wentura, & Greve, 1993; Diehl, Cole, & Lavouvievief, 1996; Heckhausen, 1997; Lawton, Kleban, Rajagopal, & Dean, 1992;

Lawton, Klwban, & Dean, 1993; Mcconatha & Huba, 1999; Schulz & Heckhausen, 1996). 노년기 초기에는 적극적인 노력을 통해 대처를 하지만, 노화가 진행될수록 삶을 통제하는 것이 쉽지 않다는 것을 점점 더 경험하게 되고 적극적인 대처가 어렵다는 것을 인식하면서 상황을 받아들이게 된다. 스스로의 정서를 조절하고, 직면한 문제에 대해 통제할 능력이 있는지를 판단한 후 그에 따라 적절한 대처를 한다(BlanchardFields, 1989; Carstensen, 1995; Folkman, Lazarus, Pimley, & Novacek, 1987; LabouvieVief, HakimLarson, & Hobart, 1987; Lang & Carstensen, 2000; Quayhagen & Quayhagen, 1982). 이 과정에 정서자각 능력, 정서 표현 등의 정서적 특성들이 관여할 것이고 이러한 특성들은 주관적 안녕감 유지에 중요한 역할을 할 것으로 보인다.

연구 1에서 연령에 따라 정서 경험은 상이하게 하지만 주관적 안녕감에 있어서는 차이가 없다는 것을 확인했다. 따라서 연구 2에서는 주관적 안녕감 유지에 긍정적인 영향을 주는 정서적 특성은 어떤 것들이 있는지 알아보았다. 갈등이 유발되는 사건을 경험했을 때 대처하는 방식과 일상생활에서 경험 가능한 정서적 문제를 해결하는 방식이 연령에 따라 어떻게 달라지는지 연구를 통해 알아보았고 이러한 정서적 특성이 주관적 안녕감과 어떠한 영향을 미치는지 살펴보았다.

또한 정서와 관련된 개인차 변인들과 주관적 안녕감과의 관계 탐색을 통해 정서자각 능력, 정서 표현 등의 정서적 특성이 주관적 안녕감에 어떠한 영향을 미치는지 확인해 보았다.

본 연구의 연구 물음은 다음과 같다: 연령과 성별에 따른 정서대처양식의 사용에는 차이가 있는가? 일상생활에서 경험할 수 있는 정서적 문제를 해결하는 방식은 차이가 있는가? 특정 대처양식은 주관적 안녕감 유지에 도움이 되는가? 연령과 성별에 따라 정서자각 능력과 표현은 어떻게 달라지며 주관적 안녕감 유지에 어떠한 영향을 미치는가?

1. 방 법

1) 참가자

연구 2에 참여한 연구 참가자는 총 697명이었다. 청년 집단은 서울대학교 심리학 개론 수강생으로 남자 159명, 여자 79명으로 총 238명(평균연령 21.55세, 표준편차 2.34)이 참여했다. 중년집단은 서울과 수도권에 거주하는 48세 이상 65세 미만 성인으로 남자 120명, 여자 125명으로 총 245명(평균연령 53.76세, 표준편차 3.84)이 참여했다. 노년 집단은 서울과 수도권에 거주하는 65세 이상 성인으로 남자 96명, 여자 91명으로 총 187명(평균연령 71.34세, 표준편차 3.98)이 참여했다. 80세 이상의 최고령 집단도 남자 8명, 여자 19명으로 총 27명(평균연령 83.15세, 표준편차 3.60)이 참가했으나 연령 집단 간 비교를 하기에는 그 수가 너무 적고, 이들의 응답에 대한 신뢰도 문제로 인해결과 분석에서는 제외되었다. 연구 참여자 특성을 표 10에 제시하였다.

2) 도 구

① 정서 대처 양식 측정

베를린 노화 연구(Berlin aging study)에서 인터뷰를 통해 추출한 내용으로 구성된 대처 양식(Staudinger & Fleeson, 1996)을 참고하여 정서대처양식 측정을 위한 도구를 개발하였다. 일상생활에서 경험하는 부정적인 사건이나 곤란한 상황에 대해 어떻게 대처하는지 확인하기 위해 유능감, 포기하지 않고 문제 해결을 위해 노력, 회피, 타인에게 의지, 상황에 순응, 자신을 믿고 문제 해결을 시도, 사회적 지지추구, 감정회복에 대한 긍정적 기대, 포기, 감정동요에 대한 대처, 하향비교, 유머, 상황 순응, 다양한 관점에서 문제를 분석, 능동적 조절 등 총 14문항으로 구성했으며, 5점 Likert 척도상에서 응답하게 되어 있다.

표 10. 중년, 노년 집단 연구 참가자 특성

		중년집단(48-64세) N(%)	노년집단(65-79세) N(%)
결혼여부	기　혼	232 (94.7)	113 (60.4)
	이　혼	4 (1.6)	2 (1.1)
	사　별	6 (2.4)	72 (38.5)
	미　혼	3 (1.2)	0 (0)
	총　합	245 (100)	187 (100)
교육수준	무　학	0 (0)	25 (13.4)
	서　당	0 (0)	17 (9.1)
	초　졸	13 (5.3)	47 (25.1)
	중　졸	18 (7.3)	25 (13.4)
교육수준	고　졸	89 (36.3)	45 (24.1)
	대　졸	95 (38.8)	22 (11.8)
	대학원졸	30 (12.3)	3 (3.2)
	총　합	245 (100)	187 (100)
종　교	있　다	191 (78.9)	120 (61.2)
	없　다	54 (21.1)	67 (35.8)
	총　합	245 (100)	187 (100)
건　강	매우 좋다	9 (3.7)	26 (13.9)
	약간 좋다	80 (32.7)	82 (43.9)
	보통이다	104 (42.4)	37 (19.8)
	약간 좋지 않다	43 (17.6)	36 (19.3)
	매우 좋지 않다	9 (3.7)	6 (3.2)
	총　합	245 (100)	187 (100)
경제수준	매우 여유가 있다	36 (7.3)	36 (19.3)
	여유가 있는 편이다	99 (20.0)	38 (30.3)
	보통이다	275 (55.6)	91 (48.7)
	조금 어려운 편이다	74 (14.9)	18 (9.6)
	매우 어렵다	11 (2.2)	4 (2.1)
	총　합	245 (100)	187 (100)
월가계소득	400만 원 이상	107 (43.7)	15 (7.0)
	300-499만 원	50 (20.4)	11 (5.9)
	200-299만 원	43 (17.6)	35 (18.7)
	100-199만 원	29 (11.8)	41 (21.9)
	100만 원 미만	9 (3.7)	74 (39.6)
	모르겠음	7 (2.9)	11 (5.9)
	총　합	245 (100)	187 (100)

14가지의 대처 방략을 CEFA 1.10(Comprehensive Exploratory Factor Analysis, Brown, Cudeck, Tateneni, & Mels, 2002)을 이용하여 요인 분석을 실시하고 그 요인 구조를 살펴보았다(표 11과 표 12 참조). 모형의 합치도(model fit)를 나타내주는 지표들을 살펴보면, 적절한 모형이라는 것을 잘 알려주는 지표인 RMSEA(Root mean square error of approximation)는 .05 이하이면 좋은 합치도(close fit)이고, .05~.08은 적절한 합치도(reasonable fit)를 의미하는데(Browne & Cudeck, 1993), 본 연구에서의 RMSEA 값은 .040으로 .05 이하이므로 좋은 모형으로 볼 수 있다. Exceedance probabilities를 보면 〔Ho: RMSEA ≤ .05〕인 상황에서 그 설명력이 92.1%가 되므로 이 모델을 적합한 것으로 보는 것이 타당하다.

문제중심적 대처 요인은 유능감을 갖고 대처하기, 포기하지 않고 대처하기, 자신을 의지하며 대처하기, 기분회복에 대한 신념을 갖고 대처하기 등 4개의 문항이 포함되고 문제 상황에 적극적으로 대처하면서 문제해결을 위한 노력을 시도하는 특성을 지닌다. 자기방어적 대처 요인은 하향 비교를 하거나 회피나 유머를 사용하고 상황에 순응하면서 억지로 상황을 바꾸기보다는 상황에 자신의 생각을 맞추면서 자기를 보호하는 방식으로 대처하는 것이다. 인지적 대처 요인은 능동적으로 문제에 대해 대처하고 다양한 관점에서 문제를 조망하면서 문제 해결을 위한 시도를 하는 것을 포함하며 인지적인 관점에서 문제 해결을 위한 노력을 기울이는 대처방법을 의미한다. 수동의존적 대처 요인은 타인이 문제를 대신 해결해주기를 바란다거나 가까운 사람들에게 의논을 하고 도움을 청하며, 감정동요가 일어나면 대처하지 못하고 포기하는 등 문제 해결을 위해 직접적인 노력을 하지 못하는 것을 포함한다.

표 11. 대처 방식의 요인 분석 결과[3]

| | 요 인 명 | | | |
문 항	문제중심적 대처	자기방어적 대처	인지적 대처	수동의존적 대처
유능감을 갖고 대처	.874	-.121	.042	.005
포기하지 않고 대처	.563	.071	.087	-.170
자신을 의지하며 대처	.405	.266	.026	-.091
기분 회복에 대한 신념을 갖고 대처	.235	.073	.147	.186
하향 비교를 통한 대처	-.056	.540	.062	-.070
회피를 통한 대처	.109	.417	-.135	-.040
유머를 통한 대처	.057	.375	.007	.020
상황을 받아들이며 대처	-.046	.297	.028	-.020
능동적 대처	.189	.025	.585	.024
다양한 관점에서 문제를 분석하며 대처	.108	.251	.266	.004
타인에게 문제해결 의존	-.003	-.143	-.113	.759
사회적 지지추구	.001	-.087	-.007	.399
감정 동요에 대처하지 못하고 당황	-.167	.204	-.053	.277
대처 포기	.044	.078	-.049	.193

표 12. 대처 방식-요인들 간의 상관관계

	문제중심적 대처	자기방어적 대처	인지적 대처	수동의존적 대처
문제중심적 대처	1			
자기방어적 대처	.219	1		
인지적 대처	.485	.124	1	
수동의존적 대처	-.198	-.078	-.272	1

척도의 내적 구조를 살펴보면, 문제중심적 대처 4문항에 대한 내적합치도 계수 $Cronbach$ α는 .679이었고, 자기방어적 대처 4문항에 대한 내

---

3) 고유치(unique variance)와 설명량(communality), 분석방법은 부록에 제시하였다.

적 합치도 계수 *Cronbach* α는 .635이었다. 인지적 대처 2문항에 대한 내적 합치도 계수는 .508이었고, 수동의존적 대처 4문항에 대한 내적 합치도 계수 *Cronbach* α는 .503이었다.

② 정서성(emotionality)이 높은 문제 해결 방식 측정

Camp, Doherty, Moody-Thomas, 그리고 Denney(1989)는 우리가 일상생활에서 경험하는 정서적인 문제 상황 25가지로 구성된 문제해결 삽화(problem solving vignettes)를 제작하였다. 이 25개의 문제해결 삽화는 정서적 특출성(emotional salience)에 따라 상, 중, 하로 구분되는데 그중 정서적 특성(emotionality)이 가장 높은 '상' 수준에 해당되는 상황을 사용했다. '상' 수준의 문제해결 삽화는 총 5개였고, 각각 아픈 부모 모시기, 배우자의 외도, 예기치 않은 혼전임신, 배우자의 알코올중독, 이혼 후 자녀들을 보고 싶어 고민하는 경우 등으로 구성된다.

본 연구에서는 우리 실생활에 맞는 상황들을 구성하기 위해 pilot study를 실시하였다. 심리학 전공 대학원생 15명(석사과정 11명, 박사과정 4명)에게 Camp 등(1989)이 제시한 과제 중 5가지와 우리가 일상생활에서 경험할 수 있는 정서가가 높은 상황 7가지, 총 12가지 상황에서 경험되는 정서성을 평가하도록 하고 그 중, 정서성이 가장 높게 유발되는 것으로 선정된 상황을 상위 4순위까지 선택해서 과제를 구성했다. 최종적으로 구성된 과제는 〔아픈 부모 모시기〕, 〔배우자의 외도〕, 〔예기치 않은 혼전 임신〕, 〔친한 친구의 보증 문제〕 등 4가지로 구성되었고 각 상황에 대해 연구 참여자가 생각하는 가장 적절한 방법을 기술하도록 하였다.

응답에 대한 내용분석은 5가지의 범주로 구분하여 채점하였다: 문제 중심적 행동(problem-focused action)은 자기 주도적으로 문제를 해결하기 위해 상황을 바꾸고, 정보를 찾고, 조언을 구하는 등 직접적인 행동을 취하는 타입이다. 인지적 문제 분석(cognitive problem analysis)은 개인의 상황에 대한 주관적 평가를 조정하고, 상황을 보다 잘 이해하려 하고, 문제를 논리적 분석을 통해 해결하려 하고, 상이한 관점에서 상황을 재해석 하려는 인지적 노력을 기울이는 방법을 포함한다. 수동 의존적 행동(passive dependent behavior)은 상황을 회피하거나 철회하고, 상황을 바꿔보려는 자기 주도적 행동은 시도하지 않으며, 다른 사람의 문제 해결에 의존하려 하는 것이다. 회피적 사고(avoidant thinking)와 부정(denial)은 상황 자체보다는 상황의 어느 한 측면에만 선택적으로 주의를 두고 개인의 책임이나 상황의 의미를 마음대로 해석하려는 시도이며, 정서 억압을 위해 상황에 전혀 맞지 않는 감정적 반응을 보인다. 개방형 응답을 위의 다섯 가지 범주에 따라 구분하여 분석하였다. 응답 내용 분석은 정서 연구를 하고 있는 전문가(박사과정 이상) 2인에 의해 이루어졌고, 일치되지 않는 부분은 논의를 통해 합의하였다.

③ 정서자각능력

Salovey, Mayer, Goldman, Turvey, 그리고 Palfai(1995)가 개발한 TMMS(Trait Meta Mood Scale)을 사용하였다. 이 검사는 각 개인이 자신의 느낌에 주의를 기울이는 정도를 측정하는 주의 차원 13문항, 느낌을 명확하게 경험하는 정도를 측정하는 명료성 차원 11문항, 부정적인 기분을 회복시키고 긍정적인 정서를 유지시킬 수 있다고 믿는 개선 믿음 차원 6문항으로 구성되어 있다. 본 연구에서는 이수정과 이훈구(1997)가 번안한 것을 사용하였다. 본 연구에서 이 척도의 내적 합치도 계수 $Cronbach$ α는 정서 명료성 척도가 .76, 정서에 대한 주의가 .73, 정서 개선에 대한 차원은 .81이었다. 노인 피험자의 반응특성 때문에 문항을 모두 사용하기 어려운 관계로 각 하위요인별로 요인분석을 통해 가장 설명량이 높은 문항들을 선별하여 정서 명료성 4문항, 정서주의 3문항, 정서 개선 3문항으로 구성하였다. 선별된 문항과 전체 문항 간의 상관이 유의미한 정적 상관(r =.71, p<.001)이 있는 것으로 확인하고 본 연구에서 사용하였다.

④ 정서 표현성

King과 Emmons(1990)가 개발한 정서표현 질문지(Emotional Expressiveness Questionnaire: EEQ)는 긍정적 정서표현(예: TV를 보거나 책을 읽다가 크게 웃을 때가 있다)을 측정하는 7문항, 부정적 정서 표현(예: 주위사람들은 내가 화가 났다는 것을 쉽게 안다)을 측정하는 4문항, 친밀감 표현(예: 사람들이 나에게 잘해주었을 때 나는 당황해서 고마운 마음을 제대로 표현하지 못한다)을 측정하는 5문항으로 총 16문항으로 구성되어 있으며, 1점(전혀 동의하지 않는다)에서 7점(전적으로 동의한다)으로 평정하도록 되어있다. 본 연구에서는 한정원(1997)이 번안한 것을 사용하였다. 본 연구에서 확인된 이 척도의 내적합치도 계수 *Cronbach* α 는 .78이었다. 노인 피험자의 반응특성 때문에 불가피하게 5점 척도로 사용하였고, 문항을 모두 사용하기 어려운 관계로 각 하위요인별로 요인분석을 통해 가장 설명량이 높은 문항들을 선별하여 구성하였다. 정적 정서표현 4문항, 부적 정서표현 2문항, 친밀감 3문항으로 구성했다. 선별된 문항과 전체 문항 간의 상관이 유의미한 정적 상관(r=.765, p<.001)이 있는 것으로 확인되어 본 연구에서 사용하였다.

⑤ 정서표현 양가적 특성

King과 Emmons(1990)가 개발한 정서표현 양가감정에 관한 질문지(Ambivalence Over Emotional Expressiveness Questionnaire: AEQ)를 번안하여 사용하였다. 정서표현 모호성 질문지는 총 28문항으로 구성되어 있으며, 정서 표현 상황에서 유기체가 갖는 여러 가지 목표에서의 갈등을 해결하기 위한 유기체의 노력에 주목하고 정서표현, 정서관리, 정서규제, 미묘한 정서 표현을 고민하는 과정에서 경험하게 되는 모호성 혹은 양가감정(예: 나는 나의 감정들을 솔직하게 표현하고 싶지만, 그것 때문에 내가 창피당하거나 상처받게 될까봐 걱정한다)에 대해 전혀 그렇게 느끼지 않는다(1점)에서부터 매우 자주 그렇게 느낀다(5점)까지 5점 척도로 평가한다. 본 연구에서는 한정원(1997)이 번안한 것을 사용하였다. 본 연구에서 확인된 내적 합치도 계수 *Cronbach* α는 .91이었다. 노인 피험자 특성 상, 전체 문항을 모두 사용하기 어려운 관계로 각 하위요인별로 요인분석을 통해 가장 설명량이 높은 문항 6개를 선별하여 구성하였다. 선별된 문항과 전체 문항 간의 상관이 유의미한 정적 상관($r=.813$, p $<.001$)이 있는 것으로 확인되어 본 연구에서 사용하였다.

⑥ 주관적 안녕감

주관적 안녕감을 측정하기 위하여 PGCMS(Philadelphia Geriatric Center Morale Scale, Lawton, 1975; Liang & Bollen, 1983)을 사용하였다. 이 척도는 나이든 성인들을 대상으로 측정하도록 특별히 고안된 척도로 평정감(non-agitation), 노화에 대한 만족(aging satisfaction), 그리고 삶에 대한 만족(life satisfaction)의 세 영역으로 구성되며 15문항으로 이루어진다. 각 문항에 대해 1점(전혀 아니다)에서 5점(매우 그렇다)까지 Likert척도상에 표시하도록 되어 있다. 본 연구에서의 각 하위척도별 내적 합치도 계수 *Cronbach* α는 평정감이 .79, 노화에 대한 만족이 .69였다. 삶에 대한 만족은 1문항으로 구성되므로 내적합치도 계수를 산출하지 않았다.

⑦ 인지기능 측정

노년 집단의 인지능력을 통제하기 위해, KMMSE(Korean-Mini Mental Status Examination, 강연욱, 나덕렬, 2003)를 실시하였고, 나이와 학력에 따른 K-MMSE 규준(강연욱, 2004)에 따라 인지기능 수준을 확인했다. 본 연구에 참여한 피험자 중 이 규준에 따라 치매 혹은 인지기능 이상이 의심되는 경우는 없었다.

⑧ 인구통계학적 변인

연구 참가자의 연령, 성별, 학력, 건강, 경제적 수준, 배우자 생존 여부, 배우자 사별 연령 등의 인구통계학적 변인들에 관한 질문을 포함했다.

⑨ 절 차

노년 집단의 경우 설문조사는 전문조사원을 활용하여 개인면접 방식으로 진행되었다. 조사원들은 보건복지부 산하 보건사회연구원 등 정부의 공신력 있는 전문 기관에서 실행되는 조사과정에 참여한 경험이 많은 10명의 전문가(경력 3년-10년)에 의해 이루어졌으며, 2003년 3월부터 5월까지 두 달에 걸쳐 이루어졌다. 소요 시간은 1시간 20분~40분 정도 소요되었고, 전문 조사원과 연구 참가자들에게는 소정의 수고료를 지급하였다.

중년 집단은 대학생 조사원을 모집하여 설문지 구성과 내용에 대한 훈련을 시킨 후, 중년집단에게 배포하고 직접 작성한 후 수거하도록 하였다. 질문지 작성 시간은 50분-60분이 소요되었고, 조사원과 연구 참가자에게 소정의 수고료가 지급되었다.

청년 집단은 서울대학교 심리학 개론 수강생으로 학점이수조건으로 수업시간을 이용하여 연구에 참여했으며, 소요시간은 30-40분이었다.

2. 결 과

1) 정서 대처 양식과 주관적 안녕감의 관계

표 13. 연령과 성별에 따른 정서 대처 양식의 차이

연령집단	성 별	문제중심적 대처	인지적 대처	자기방어적 대처	수동의존적 대처
청년 집단	남 $N=159$	3.78 (.59)	3.82 (.61)	3.10 (.55)	2.74 (.63)
	여 $N=79$	3.84 (.59)	3.82 (.66)	3.11 (.55)	2.83 (.61)
	합 $N=238$	3.80 (.59)	3.82 (.62)	3.11 (.55)	2.77 (.62)
중년 집단	남 $N=120$	3.92 (.53)	4.01 (.61)	3.43 (.53)	2.37 (.62)
	여 $N=125$	3.81 (.66)	4.02 (.63)	3.63 (.53)	2.53 (.69)
	합 $N=245$	3.86 (.60)	4.01 (.62)	3.53 (.54)	2.45 (.66)
노년 집단	남 $N=96$	3.97 (.60)	3.96 (.53)	3.82 (.49)	2.41 (.64)
	여 $N=91$	3.68 (.78)	3.66 (.73)	3.73 (.61)	2.70 (.75)
	합 $N=187$	3.83 (.71)	3.82 (.65)	3.78 (.56)	2.55 (.71)
$F(2,664)$	연령 주 효과	.39	7.45[***]	77.05[***]	14.78[***]
$F(1,664)$	성차 주 효과	5.45[*]	3.67[*]	.91	11.47[***]
$F(2,664)$	상호 작용	3.82[*]	3.67[*]	4.15[*]	1.11

[***] p<.001, [*] p<.05

연령과 성별에 따라 정서 대처 사용은 어떻게 달라지는지 확인하였다.
문제 중심적 대처, 자기 방어적 대처, 인지적 대처, 수동 의존적 대처 등

4가지의 정서 대처 양식의 사용은 문제 중심적 대처를 제외하고 나머지 대처에 대해서는 연령에 따른 차이가 확인되었다(표 13 참조).

표 14. 연령과 성별에 따른 주관적 안녕감의 차이

연령집단	성 별	평정감	노화만족	삶의만족	주관적 안녕
청년 집단	남 N=159	3.33 (.85)	3.26 (.73)	3.47 (.94)	3.35 (.68)
	여 N=79	3.46 (.87)	3.40 (.79)	3.63 (.88)	3.50 (.68)
	합 N=238	3.37 (.86)	3.31 (.75)	3.52 (.92)	3.40 (.68)
중년 집단	남 N=120	3.55 (.78)	3.14 (.66)	3.43 (.94)	3.37 (.65)
	여 N=125	3.60 (.88)	3.27 (.79)	3.54 (.90)	3.47 (.73)
	합 N=245	3.58 (.84)	3.21 (.73)	3.48 (.92)	3.42 (.69)
노년 집단	남 N=96	3.73 (.94)	2.73 (.73)	3.48 (.94)	3.31 (.64)
	여 N=91	3.07 (1.17)	2.46 (.96)	3.24 (1.07)	2.92 (.85)
	합 N=187	3.41 (1.11)	2.60 (.86)	3.36 (1.01)	3.12 (.77)
F(2,664)	연령 주 효과	2.85	51.28[***]	2.00	12.415[***]
F(1,664)	성차 주 효과	4.76[*]	.001	.033	.721
F(2,664)	상호 작용	11.27[***]	4.55[*]	2.65	8.74[***]

[***] $p<.001$, [*] $p<.05$

장노년기 주관적 안녕감을 측정하기 위해 특별히 고안된 PGCMS를 통해 알아본 주관적 안녕감에 있어서의 연령과 성차를 표 14에 제시하였다.

연구 1에서는 주관적 안녕감 측정을 위해 한 문항만을 사용했으나 하나의 문항으로 주관적 안녕감을 설명하는 것이 무리가 있고, 또한 이 척도는 중년 이후의 성인을 위해 특별히 구성된 척도이기 때문에 연구 2에서는 PGCMS를 통해 주관적 안녕감을 측정하였다. 평정감과 삶의 만족도에 있어서는 연령차가 없지만 노화 만족에 대해서는 연령이 증가할수록 저하된다는 것을 확인할 수 있다. 심리적으로 평정감을 유지하고 삶의 만족을 느낄 수 있지만 노화로 인한 변화에 대해서는 연령이 증가할수록 만족하기 어렵다는 것을 보여준다.

① 노년 집단의 정서조절 양식과 주관적 안녕감

노년집단은 문제중심적 대처, 인지적 대처, 자기방어적 대처를 주로 사용하고 수동의존적 대처는 상대적으로 덜 사용하는 것으로 나타났다. 이는 노인들도 정서적 문제 해결을 위해 적극적으로 다양한 대처방법을 활용할 수 있다는 것을 보여주며 특히 적극적 대처가 어려울 경우에는 직접적인 갈등을 피하기 위해 자기 방어적 대처를 통해 정서를 조절할 수 있다는 것을 보여준다(그림 9 참조).

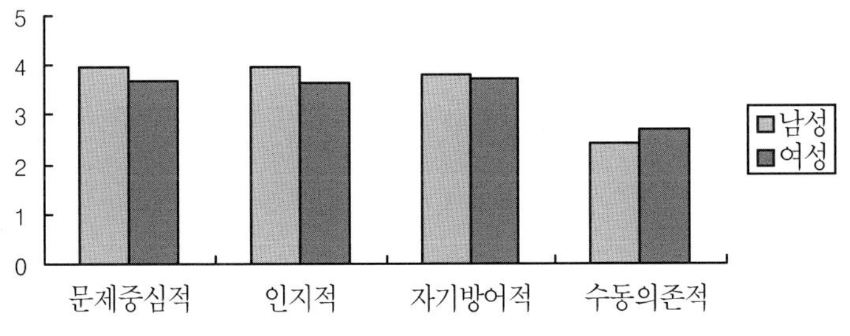

그림 9. 노년 집단 내 정서 대처 양식의 사용

정서 대처 유형과 인구통계학적 변인들이 주관적 안녕감에 어떠한 영향을 미치는지 알아보았다(표 15 참조). 경제적 수준과 건강은 노년기 주관적 안녕감의 42.4%를 설명하며, 정서 대처 방법도 포함하여 그 설명량을 비교해 보면 설명량이 44.7%로 2.3% 증가한다. 그리고 노년기 주관적 안녕감 유지에는 경제수준과 건강도 중요하지만 정서 대처 방식 중 자기방어적 대처가 긍정적인 영향을 준다는 것을 확인하였다.

표 15. 주관적 안녕감에 영향을 미치는 변인들: 노년집단(N=187)

	모델 1		모델 2	
	$B\ (SE)$	β	$B\ (SE)$	β
경제상태	.258 (.046)	.318***	.236. (.046)	.291***
건　강	.369 (.040)	.521***	.329 (.042)	.464***
문제중심적 대처			.053 (.076)	.049
인지적 대처			.074 (.079)	.062
자기방어적 대처			.177 (.082)	.127*
수동의존적 대처			-.032 (.064)	-.030
F test	69.493***		26.036***	
adjusted R square	.424		.447	

*** p < .001, * p < .05

② 중년 집단의 정서조절 양식과 주관적 안녕감

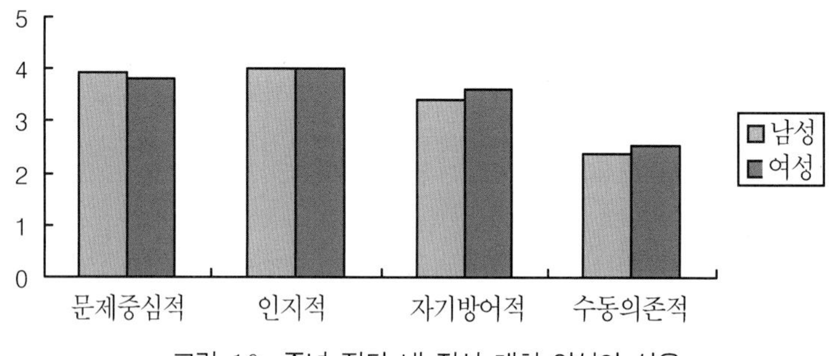

그림 10. 중년 집단 내 정서 대처 양식의 사용

중년집단은 문제 중심적 대처와 인지적 대처를 가장 많이 사용하며, 자기 방어적 대처, 수동 의존적 대처 순으로 대처양식을 사용하는 것으로 나타났다(그림 10 참조). 노년집단과 유사한 패턴을 보이지만 자기 방어적 대처의 사용이 적은 것이 특징이다. 중년에는 적극적인 문제 해결을 위한 시도로 인해 심리적 동요를 경험하더라도 에너지의 제한을 노년집단에 비해 덜 받으므로 주로 적극적인 문제 중심적 대처나 자기방어적 대처를 많이 사용하고 실질적으로 문제 해결을 위한 개입이 어려운 경우에는 자기 방어적 대처를 사용하는 것을 볼 수 있다.

표 16. 주관적 안녕감에 영향을 미치는 변인들: 중년집단($N=245$)

	모델 1		모델 2	
	B (SE)	β	B (SE)	β
경제상태	.257 (.036)	.333***	.252. (.035)	.327***
건 강	.426 (.037)	.541***	.359 (.038)	.456***
문제중심적 대처			.133 (.062)	.116*
인지적 대처			.112 (.059)	.096*
자기방어적 대처			.044 (.060)	.034
수동의존적 대처			-.101 (.048)	-.096*
F test	123.314***		50.264***	
$adjusted$ R square	.501		.548	

*** p<.001, * p<.05

인구통계학적 특성과 대처 방식이 주관적 안녕감에 어떠한 영향을 미치는지 알아보았다(표 16 참조). 경제적 수준과 건강이 주관적 안녕감의 50.1%를 설명하고 이에 정서 대처 양식까지 포함하여 함께 살펴본 모델에서는 4.7%가 증가하여 54.8%를 설명하는 것으로 확인되었다. 특히, 정서 대처 중 문제중심적 대처는 중년집단의 주관적 안녕감 유지에 도움을 주고, 수동의존적 대처는 주관적 안녕감 유지에 부정적인 영향을 주는 것으로 것을 확인했다.

③ 청년 집단의 정서조절 양식과의 주관적 안녕감

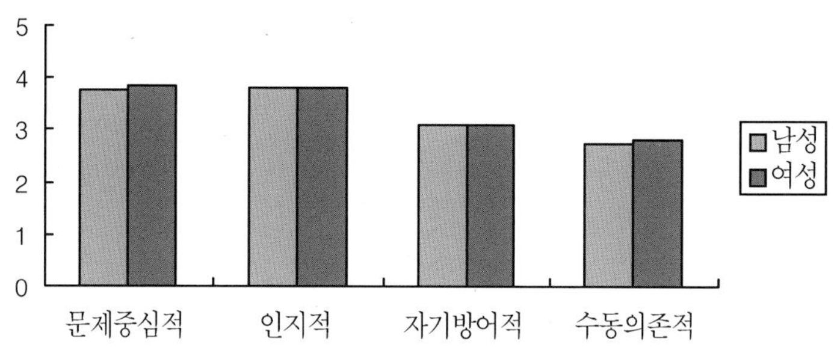

그림 11. 청년 집단 내 정서 대처 양식의 사용

청년집단도 중년집단, 노년집단과 마찬가지로 문제중심적 대처를 가장 많이 사용하며 그 다음으로 자기방어적 대처와 수동의존적 대처의 순서로 사용하는 것으로 나타났다(그림 11 참조). 흥미로운 점은, 청년집단이 수동의존적 대처를 다른 연령집단에 비해 더 많이 사용한다는 것이다. 이러한 특성이 주관적 안녕감에 미치는 영향을 확인해 보았다. 중년과 노년집단과 달리 청년집단을 대상으로 경제적 수준이나 건강을 따로 측정하지 않았으므로 대처 양식의 사용이 주관적 안녕감에 미치는 영향을 살펴보았다.

그 결과, 대처 양식 중 문제중심적 대처는 청년기 주관적 안녕감 유지에 긍정적인 영향을 주며, 수동의존적 대처는 부정적 영향을 주는 것으로 나타났다(표 17 참조).

표 17. 정서 대처 양식이 주관적 안녕감에 미치는 영향: 청년집단

	$N=238$	
	$B\ (SE)$	β
문제중심적 대처	.543 (.074)	.470[***]
인지적 대처	.023 (.069)	.021
자기방어적 대처	.059 (.071)	.048
수동의존적 대처	-.177 (.070)	-.162[**]
F test	24.619[***]	
adjusted R square	.285	

[***] p<.001, [**] p<.01

연령에 따른 정서 대처 방법의 차이를 살펴본 결과, 모든 연령집단에서 문제중심적 대처와 인지적 대처를 가장 많이 사용하고 그 다음으로 자기방어적 대처, 마지막으로 수동의존적 대처 순으로 대처방략을 사용하는 것으로 나타났다. 이러한 결과는 노년기에도 중년이나 청년 집단과 마찬가지로 정서적 문제에 대해 다양한 대처 방략을 통해 정서를 조절 할 수 있다는 것을 보여주기도 한다. 전체적으로 유사한 특성을 보였지만 연령별로 상이한 차이가 있었다. 특히, 노년 집단은 문제중심적 대처, 인지적 대처와 함께 자기방어적 대처를 많이 사용하는 것으로 나타났는데, 이러한 특성은 노년기 주관적 안녕감에 긍정적인 영향을 미치는 것으로 확인되었다. 이와 같은 결과는 노인들이 다양한 정서 대처 방법을 통해 정서 조절이 가능하지만 여의치 않을 때에는 억지로 상황을 바꾸려 하며 에너지를 소모하기보다는 자기 방어적 대처를 통해 자신의 마음을 다스려 상황을 받아들임으로써 주관적 안녕감을 유지한다는 것을 보여준다. 즉, 노년기에도 정서 대처 능력은 유지되며 적응적으로 상황에 따라 적절한 방식으로 대처할 수 있다는 점을 확인할 수 있었다. 이와 같은 결과는 연령에 따라 사용하는 대처 방식에는 차이가 있으며 그러한 특성이 주관적 안녕감 유지에 도움이 되는 방식으로 사용되고 있다는 것을 보여주는 결과이다.

2) 정서 유발 시나리오를 통한
정서적 문제 해결방식 측정

불쾌한 정서가 유발되었을 때 정서를 조절하여 문제를 해결하려는 조절 양식을 살펴보았으나 구체적으로 특정 사건이 발생했을 경우에 실제로 어떻게 대처하는지 알아보기 위해 시나리오를 이용한 연구를 실시했다. 상황은 모두 네 가지로 구성되었는데, '아픈 부모 모시기', '배우자의 외도', '예기치 않은 혼전임신', 그리고 '친한친구의 보증 문제'였고 연구참여자들의 응답을 구분 기준에 의해 채점하였다. 그 결과를 표 18에 제시하였다.

표 18 연령에 따른 문제 해결방식의 차이

	청년집단	중년집단	노년집단
	N(%)	N(%)	N(%)
문제중심적	691 (72.58)	744 (75.92)	492 (67.21)
인지적	140 (14.71)	101 (10.31)	74 (10.11)
수동의존적	68 (7.14)	65 (6.63)	90 (12.30)
회피 / 부정	53 (5.57)	70 (7.14)	92 (12.57)
계	952 (100)	980 (100)	732 (100)

노년 집단도 중년이나 청년집단과 마찬가지로 실제로 갈등적인 사건을 제시하고 문제해결을 하도록 하면 문제 중심적 해결방안을 가장 많이 제시하였으나 특히 갈등적이거나 심리적 동요를 일으키는 문제에 대해서는 직접적인 해결 방안을 제시하지 않고 상황을 부정하거나 있는 문제 해결을 위한 별다른 노력을 기울이지 않고 수동적으로 상황을 받아들이는 등의 방법들을 사용한다고 보고했다. 이와 같은 결과는 앞에서 대처 방식의 차이에서 살펴본 바와 마찬가지로 노인들이 적극적 문제해결 방안을 갖고 있지만 상황이 갈등적이고 심리적 동요를 유발하는 사건일 경우에는 대처를 포기하고 있는 그대로

상황을 받아들이는 방법을 사용함으로써 주관적 안녕감을 유지하는 것으로 볼 수 있다. 아래, 각 상황 별 문제 해결 방식의 차이를 확인해 보았다.

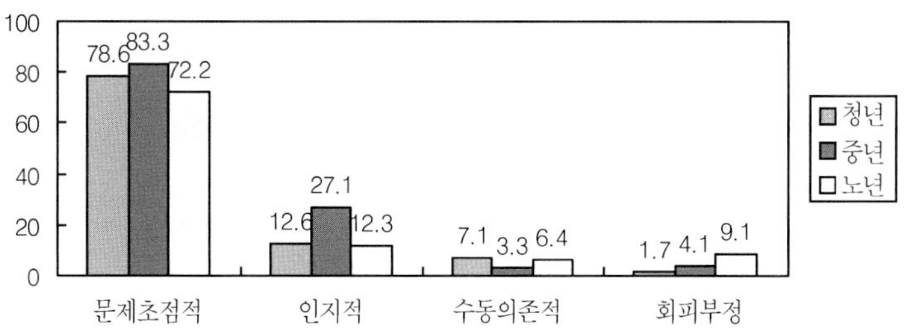

그림 12. 정서적 문제 해결 방식의 차이 1: 아픈 부모 모시기(%)

과제 1은 아픈 부모를 모시는 문제를 어떻게 해결할 것인가에 관한 문제였는데 대부분의 피험자들이 문제중심적 해결방안을 제시했다. 중년집단은 청년이나 노년 집단에 비해 수동의존적 방식이나 회피 방식보다는 인지적인 해결방안을 더 많이 제시했다. 이 과제에서 해결 방법은 연령에 따라 차이가 있었다〔 x^2=19.31, df=6, p<.01〕(그림 12 참조). 이러한 결과가 나타난 이유는 아픈 부모를 모시는 문제가 중년들에게는 현실적으로 많이 경험할 수 있는 사건이기 때문에 문제중심적인 대안을 잘 제시했을 것으로 보인다. 이 과제는 중년들에게 가장 특출한(salient)과제였다.

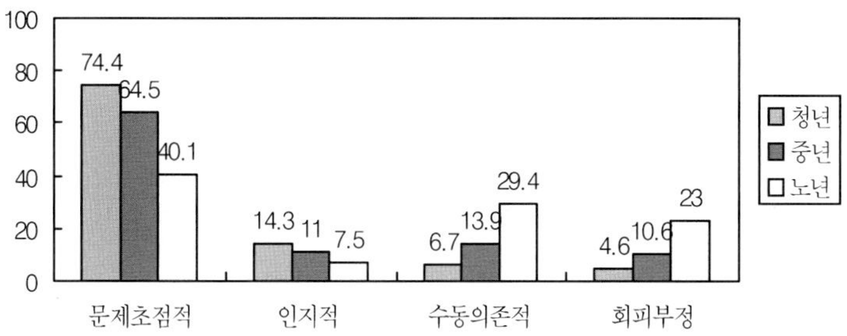

그림 13. 정서적 문제 해결 방식의 차이 2: 배우자의 외도(%)

과제 2는 배우자의 외도문제를 어떻게 해결할 것인가에 관한 문제였는데, 청년이나 중년집단은 다른 과제와 마찬가지로 문제중심적 해결방안을 제시했으나 노년집단의 경우에는 문제중심적 해결뿐만 아니라 수동의존적 해결방안이나 회피적 해결방안에 가까운 해결책들을 제시해 준 것이 특징이었다. 반면, 청년 집단이나 중년집단은 대부분 문제중심적 해결방안을 제시했다. 이 과제에서도 문제 해결 방법은 연령에 따라 차이가 있었다〔 $x^2=$ 90.48, $df=6$, p<.001〕(그림 13 참조). 노인도 문제 해결에 대해 능동적이고 적극적인 대처가 가능하다. 하지만, 개인에 따라 스트레스에 취약하거나 정서적 동요를 견디기 어려운 경우에는 상황을 직접적으로 변화시키거나 해결 방식을 생각해 내기보다는 상황을 회피하거나 재해석을 통해 상황의 다른 측면을 고려해보는 노력하는 것이 적응에 도움이 될 것이다.

특히 과제 2는 배우자의 외도에 대한 내용이었고, 노인 피험자들은 실제로 가장 민감하게 이 주제를 받아들였다. 이와 같은 특성은 노인들의 동시대적 효과를 나타내는 것으로 볼 수 있다. 예전에는 배우자의 외도에 대해 할 수 있는 대처 방법이 기다리거나 포기하는 것이 대부분이라 생각해 왔기 때문에 이 과제에서도 노년집단의 반응에는 포기, 수동 의존적 반응이 많이 포함되었을 것이다. 이러한 성향은 차이는 있지만 중년 집단도 유사한 패턴을 보이는 것으로 보아 배우자의 외도는 매우 갈등적인 사건이며 이에 대한 대처방법은 문제중심적 행동보다는 기다리거나 참는 것이 더 낫다는 생각이 중년 이후의 집단에게는 지배적이라는 것을 알 수 있다.

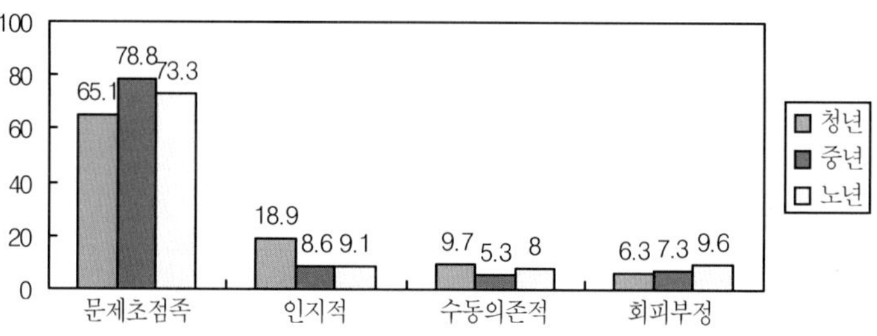

그림 14. 정서적 문제 해결 방식의 차이 3: 예기치 않은 혼전임신(%)

과제 3은 예기치 않은 혼전 임신에 관한 문제를 어떻게 해결할 것인가에 질문이었다. 청년, 중년, 노년집단 모두 문제중심적 해결방안을 제시했고, 청년집단은 다른 집단과 달리 인지적 해결 방안을 제시하였다. 이 과제에서 해결 방법은 연령에 따른 차이가 있었다〔 x^2=20.45, df=6, p<.01〕(그림 14 참조). 이 문제는 청년집단에게 현실적으로 경험할 만한 상황으로 간주되어, 문제중심적 해결방안과 인지적 해결방안이 상대적으로 많이 제시된 것으로 보인다.

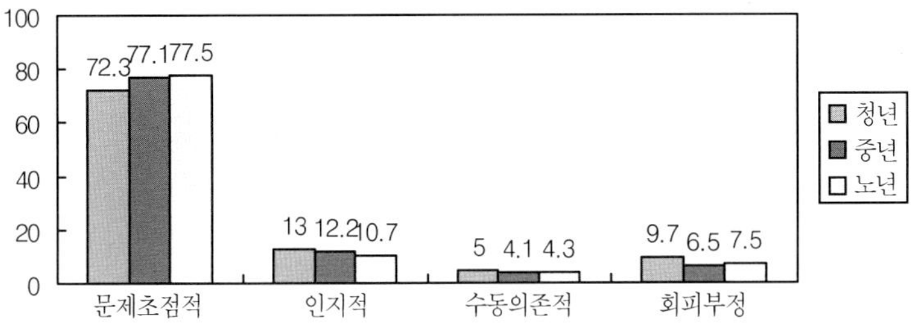

그림 15. 정서적 문제 해결 방식의 차이 4: 친한 친구의 보증문제(%)

과제 4는 친한 친구의 보증을 서는 것에 관한 문제였는데, 세 집단 모두 문제중심적 해결 방법을 제안했다. 이 과제에서 문제 해결 방법은 연령에 따른 차이가 없었다〔 x^2=2.83, df=6, p=n.s.〕(그림 15 참조). 이러한 결과는 과제 특성의 문제일 수 있다. 보증 문제는 우리나라 문화에서는 매우 금기해야 할 상황으로 모두 인식하고 있어서 갈등을 경험하기보다는 누구나 능숙하게 문제중심적 해결방법을 제시하였다.

문제 특성상 정서적인 갈등이 유발되지 않는 과제를 제시한 것을 문제로 볼 수도 있었지만 한편, 갈등이 유발되지 않는 상황에서는 청년이나 중년, 노년 모두 유사하게 적절한 해결방법을 제안할 수 있다는 것을 보여주었다는 점이 매우 흥미롭다. 즉, 노년기에는 문제 해결능력이 감퇴하고 수동적으로만 대처하는 것이 아니라 다양한 문제 해결 방안을 가지고 상황에 적절한 대처를 선택적으로 사용할 수 있다는 점을 밝힌 것은 매우 흥미로운 결과다.

정서적 문제 해결 방식을 살펴본 결과, 노년집단도 청년이나 중년집단과 마찬가지로 정서적 갈등이 유발되는 문제를 해결하는데 적극적 대처와 문제중심적 대처양식을 사용할 수 있지만, 정서적 동요가 큰 문제에 대해서는 수동의존적, 회피적인 반응이 증가했다. 이러한 결과는 노인들이 정서 대처를 하는 과정에서 과도한 에너지 소모나 심리적 동요를 줄이고 주관적 안녕감을 유지하려고 하는 정서최적화 특성의 한 측면으로 볼 수 있겠다.

3) 연령과 성별에 따른 정서자각능력의 차이

연령과 성별에 따른 정서자각능력(emotion awareness ability)의 차이를 살펴보았다. 그 결과를 표 19에 제시하였다.

정서명료성은 중년 집단이 가장 높고, 정서주의는 청년 집단이 가장 높으며, 정서 개선에 대한 믿음은 노년 집단이 가장 높았다. 정서 명료성은 중년>노년>청년, 정서주의는 청년>노년>중년, 정서개선에 대한 믿음은 노년>중년>청년의 순서로 나타났다. 노년집단이 청년이나 중년에 비해 정서자각능력이 떨어지는 것이 아니고 오히려 정서 개선은 가장 높다는 점이 흥미롭다. 이러한 결과는 노년집단이 정서경험과 조절에 대한 긍정적인 기대를 갖고 적절한 대처를 하는데 기여를 하는 특성으로 보인다.

표 19. 연령과 성별에 따른 정서자각능력의 차이

연령집단	성 별	정서명료 평균(표준편차)	정서주의 평균(표준편차)	정서개선 평균(표준편차)
청년 집단	남 N=159	3.29 (.67)	3.57 (.53)	3.34 (.43)
	여 N=79	3.34 (.84)	3.63 (.60)	3.59 (.76)
	합 N=238	3.31 (.73)	**3.59 (.55)**	3.42 (.75)
중년 집단	남 N=120	3.50 (.64)	3.25 (.52)	3.58 (.62)
	여 N=125	3.71 (.72)	3.26 (.65)	3.80 (.71)
	합 N=245	**3.61 (.68)**	3.26 (.59)	3.69 (.73)
노년 집단	남 N=96	3.48 (.82)	3.28 (.59)	3.82 (.78)
	여 N=91	3.26 (.77)	3.30 (.59)	3.64 (.93)
	합 N=187	3.44 (.74)	3.29 (.59)	**3.73 (.86)**
$F(2,664)$	연령 주 효과	10.18[***]	23.24[***]	7.52[**]
$F(1,664)$	성차 주 효과	.03	.36	2.46
$F(2,664)$	상호작용효과	4.61[**]	.12	4.62[**]

[***] p<.001, [**] p<.01

노년 집단의 경우, 정서자각능력의 하위요인과 주관적 안녕감의 관계를 살펴본 결과 정서 명료성과 정서개선이 주관적 안녕감과 관련이 있는 것으로 확인되었다[정서명료성과 주관적 안녕감 r=.364, p<.001; 정서개선과 주관적 안녕감 r=.643, p<.001; N=187]. 노년집단의 경우, 정서개선과 주관적 안녕감 사이에 높은 정적상관이 있으며, 이는 정서최적화에 기여하는 특성으로 볼 수 있다.

중년 집단의 경우에는 정서자각능력의 하위요인과 주관적 안녕감 간의 관계를 살펴본 결과, 정서 명료성과 정서 개선에 대한 믿음과 관련이 있는 것으로 나타났다[정서명료성과 주관적 안녕감 r=.388, p<.001; 정서개선에 대한 믿음과 주관적 안녕감 r=.484, p<.001; N=245].

청년집단의 경우, 정서자각능력의 하위요인과 주관적 안녕감 간의 관계를 살펴본 결과, 정서 명료성과 정서 개선이 주관적 안녕감과 관련이 있는 것으로 나타났다[정서명료성과 주관적 안녕감 r=.214, p<.01; 정서개

선과 주관적 안녕감 $r=.576$, p<.001; $N=238$].

장노년기에는 정서개선에 대한 믿음을 갖는 것이 주관적 안녕감 유지에 중요한 요인으로 확인되었는데, 이러한 특성은 장노년기 정서최적화 특성을 보여주는 한 예이기도 하다. 노년기에는 정서자각능력이 저하되는 것이 아니며 오히려 정서 개선이 가장 크다는 점은 노년기 정서적 삶의 긍정적이며 적응적인 특성을 밝혀주는 결과이다.

4) 연령과 성별에 따른 정서 표현의 차이

정서표현성은 연령에 따라 차이가 나타나는 것은 아니며, 여성이 남성보다 정적 표현을 더 많이 한다(표 20 참조).

표 20. 연령과 성별에 따른 정서 표현의 차이

연령집단	성 별	정적표현 평균(표준편차)	부적표현 평균(표준편차)	친밀표현 평균(표준편차)	정서표현성 평균(표준편차)
	남 $N=159$	3.53 (.82)	3.44 (.90)	3.24 (.81)	3.41 (.56)
청년 집단	여 $N=79$	3.58 (.78)	3.44 (.99)	3.13 (.81)	3.38 (.65)
	합 $N=238$	3.55 (.81)	3.44 (.93)	3.20 (.81)	3.40 (.59)
	남 $N=120$	3.24 (.70)	3.57 (.82)	3.26 (.55)	3.35 (.48)
중년 집단	여 $N=125$	3.71 (.81)	3.44 (.82)	3.36 (.73)	3.50 (.49)
	합 $N=245$	3.48 (.79)	3.50 (.82)	3.31 (.65)	3.43 (.49)
	남 $N=96$	3.20 (.85)	3.56 (.97)	3.33 (.82)	3.36 (.60)
노년 집단	여 $N=91$	3.51 (.96)	3.49 (.92)	3.40 (.82)	3.47 (.63)
	합 $N=187$	3.35 (.90)	3.52 (.92)	3.36 (.82)	3.41 (.56)
$F_{(2,664)}$ 연령 주 효과		2.95	.44	3.00[*]	.22
$F_{(1,664)}$ 성차 주 효과		18.02[***]	.88	.10	2.86
$F_{(2,664)}$ 상호작용효과		4.03[*]	.30	1.25	1.38

[***] p<.001, [*] p<.05

정서 표현을 있는 그대로 하지 못하고 모호하게 하거나 표현을 주저하게 되는 특성이 연령과 성별에 따라 어떠한 차이가 있는지 표 21에 제시하였다.

표 21. 연령과 성별에 따른 정서표현에 대한 양가감정

연령집단	성 별	표현양가 평균(표준편차)
청년 집단	남 N=159	3.32 (.75)
	여 N=79	3.05 (.69)
	합 N=238	3.23 (.74)
중년 집단	남 N=120	3.30 (.60)
	여 N=125	2.97 (.67)
	합 N=245	3.14 (.86)
노년 집단	남 N=96	3.38 (.68)
	여 N=91	**3.71 (.61)**
	합 N=187	**3.56 (.66)**
F(2,664)	연령 주 효과	22.30***
F(1,664)	성차 주 효과	2.78
F(2,664)	상호작용효과	14.89***

*** $p<.001$, * $p<.05$

자주 사용하는 정서 표현 특성을 비교해 보았을 때, 노년집단은 정서 표현에 대한 양가적 태도를 가장 많이 경험하며, 특히 여성이 남성보다 더 자주 경험하는 것으로 확인되었다[t=-3.54, df=185, $p<.001$]. 정서표현 특성과 주관적 안녕감과의 관계를 살펴본 결과, 정적표현과 친밀표현을 많이 하는 것은 주관적 안녕감 유지에 도움이 되지만[정적 표현과 주관적 안녕감 r=.158, $p<.05$; 친밀표현과 주관적 안녕감 r=.148, $p<.05$], 정서표현에 대해 양가 감정을 경험하는 것은 주관적 안녕감 유지에 부정적인 영향을 주는 것으로 나타났다[정서표현에 대한 양가적 특성과 주관적 안녕감 r=-.205, $p<.01$].

중년집단의 정서표현 특성을 살펴보면 부적 표현>정적 표현>친밀 표현의

순서로 나타나며 정적 표현은 여성이 남성에 비해 더 많이 하는 것으로 확인되었다[t=-4.90 df=243, p<.001]. 정서표현에 대한 양가감정은 다른 연령집단에 비해 매우 낮은 수준이지만, 집단 내에서는 남성이 여성에 비해 표현에 대한 양가적 특성을 더 많이 경험한다[t=4.06 df=243, p<.001]. 정서표현 특성과 주관적 안녕감과의 관계를 살펴본 결과, 정적 표현과 친밀 표현을 많이 하는 것은 주관적 안녕감 유지에 도움이 되지만[정적 표현과 주관적 안녕감 r=.246, p<.001; 친밀 표현과 주관적 안녕감 r=.161, p<.05], 정서표현에 대해 양가감정을 경험하는 것과 부적 표현은 주관적 안녕감 유지에 부정적인 영향을 주는 것으로 나타났다[정서표현에 대한 양가적 특성과 주관적 안녕감 r=-.247, p<.001; 부적 표현과 주관적 안녕감 r=-.126, p<.05].

청년 집단의 정서표현 특성과 주관적 안녕감과의 관계를 살펴본 결과, 정적 표현과 친밀 표현을 많이 하는 것은 주관적 안녕감 유지에 도움이 되지만[정적 표현과 주관적 안녕감 r=.161, p<.05; 친밀 표현과 주관적 안녕감 r=.194, p<.01], 정서표현에 대해 양가감정을 경험하는 것은 주관적 안녕감 유지에 부정적인 영향을 주는 것으로 나타났다[정서표현에 대한 양가적 특성과 주관적 안녕감 r=-.338, p<.001].

연령에 따른 정서 표현성의 차이는 없었으나 노년집단이 정서 표현에 대한 양가적 특성을 가장 많이 경험한다는 것을 확인하였다. 연령 증가에 따라 정서 경험의 빈도와 특성이 다소 상이하게 변화하면서 경험하는 정서를 표현하는 방식에도 변화가 나타났다.

5) 정서 대처, 정서자각능력이 주관적 안녕감에 미치는 영향

앞서 살펴본 정서 대처, 정서 자각 능력이 주관적 안녕감 유지에 미치는 영향을 확인하기 위해 *Mplus 3.01*(Muthen & Muthen, 2004)을 사용하여 구조 방정식 모형(Structural Equation Model)을 검증하였다. 그 결과를 그림 16에 제시하였다. 모형의 합치도(model fit)를 나타내주는 지표들을 살펴보면, 적절한 모형이라는 것을 잘 알려주는 지표인 RMSEA는 .05 이하이면 좋은 합치도(close fit)이고, .05~.08은 적절한 합치도(reasonable fit)를 의미하는데(Browne & Cudeck, 1993), 본 연구에서 검증한 모델의 RMSEA는 .052로 적절한 모형으로 볼 수 있다. 또한 CFI(Comparative Fit Index)의 경우는 .90 이상이면 좋은 합치도로 간주될 수 있는데(Bentler, 1990), 본 연구에서 검증한 모델의 CFI는 .913이었다. 그 밖에도 NFI(Normed Fit Index)는 .803, NNFI(NonNormed Fit Index)는 .962, GFI(Goodness of Fit Index)는 .803으로 나타났다. CFI, NFI, NNFI는 .90 이상일 경우에 좋은 모형으로 보는데(Browne & Cudeck, 1989), 본 연구에서 산출된 이 지수들이 .90을 넘거나 .90에 가까우므로 본 연구에서 검증하려는 모형은 상당히 적절한 것으로 볼 수 있다.

전반적으로 살펴보면 정서자각능력의 하위요인인 '정서개선에 대한 신념'은 주관적 안녕감 유지에 가장 큰 영향을 미치는 것으로 나타났으며, 세 연령집단 중 노년기에 가장 큰 영향을 미치는 것으로 확인되었다.

정서 대처 양식이 주관적 안녕감 유지에 미치는 영향을 살펴보면, 문제중심적 대처, 인지적 대처, 자기방어적 대처가 모두 주관적 안녕감 유지에 긍정적인 영향을 주는 것으로 나타났다. 청년집단의 주관적 안녕감 유지에는 문제중심적 대처가 가장 큰 영향을 주고, 그 다음으로 자기 방어적 대처가 영향을 주며, 인지적 대처는 영향을 주지 못하는 것으로 나타났다. 중년집단의 주관적 안녕감 유지에 긍정적인 영향을 주는 대처양식은 문제중심적 대처, 자기방어적 대처, 인지적 대처 순으로 나타난다. 노년집단의 주관적 안녕감 유지에는 자기 방어적 대처가 가장 큰 영향을 주고, 문제중심적 대처와 인지적 대처도 긍정적 영향을 주는 것으로 나타났다.

이 모형을 통해, 노년집단이 주관적 안녕감을 유지하는 데에는 정서 개선에 대한 긍정적인 신념을 갖고 자기방어적 대처를 하는 것이 가장 적절한 것이라는 것을 알 수 있다. 또한 노년기에도 중년이나 청년집단과 마찬가지로 문제중심적 대처나 인지적 대처를 사용하는 것이 주관적 안녕감에 도움이 된다는 점도 흥미로운 결과이다. 즉, 노인이 되면 에너지가 충분하고 다룰만한 문제에 대해서는 인지적, 문제중심적 대처를 사용하지만 심리적 동요가 유발되거나 괴로운 문제에 대해서 상황을 변화시키기 위해 억지로 힘을 들이는 것보다는 자기방어적 대처를 사용하는 것이 적응적이라는 것을 보여준다. 노년기에는 전반적으로 젊은 시기에 비해 에너지가 제한되므로 그 상황에서 주관적 안녕감을 유지하기 위해서는 자기방어적 대처를 사용하는 것이 가장 효과적일 수 있다. 중년 집단은 노년 집단과 유사한 특성을 보이기는 하지만 정서에 대한 자기방어적 대처의 중요성은 노년집단에서 더 높았다.

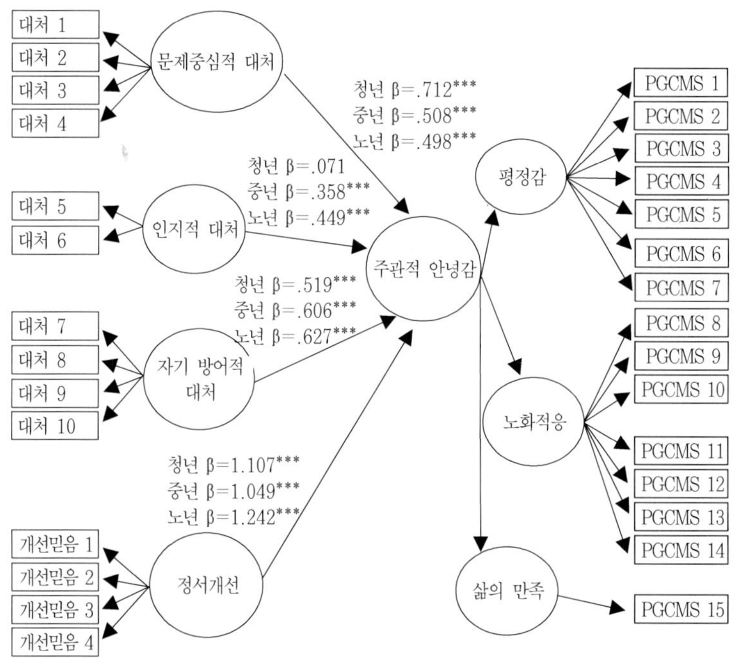

그림 16. 구조방정식 모델 검증: 정서 대처, 정서 개선이
주관적 안녕감에 미치는 영향4)

모형을 통해 살펴본 노년집단의 정서대처와 정서 개선은 주관적 안녕감 유지에 긍정적인 영향을 주며, 이러한 특성들은 연령에 따라 상이하게 나타난다는 것을 확인하였다. 노년집단과 중년집단은 정서 개선과 자기방어적 대처가 주관적 안녕감에 가장 긍정적인 영향을 주지만, 청년집단의 경우는 문제중심적 대처와 정서개선이 주관적 안녕감 유지에 가장 중요한 요인이었다.

3. 논 의

연구 1을 통해 정서경험과 사회적 목표 차원에서 정서 최적화가 모든 연령대에서 나타난다는 것을 확인하였고, 연구 2에서는 정서대처, 정서표현, 정서자각능력 등 정서적 차원을 통해 정서최적화에 이르는 방식에 연령에 따른 차이가 나타나는지 살펴보았다.

유능감을 갖고 대처하려 하고 포기하지 않고 문제를 해결하려는 문제중심적 대처 양식은 모든 연령대에서 가장 많이 사용하는 대처방식이었다. 이는 노인들도 적극적으로 문제 해결을 위한 대처를 할 수 있다는 점을 보여주는 것이기도 하다. 하지만 노년집단은 타 집단에 비해 하향 비교를 하거나 상황을 받아들이고, 유머를 통해 문제를 해결하려는 자기방어적 대처 양식을 상대적으로 많이 사용한다. 이러한 대처 양식의 사용은 노년기에 정서적 동요나 불쾌한 감정 유발로 인한 에너지 손실을 줄이고 정서 최적화를 유지하려는 특성이 반영된 것으로 볼 수 있으며(Blanchard Fields, 1989; Brandtstädter & Rothermund, 1994, 2002b; Brandstädter, Wentura, & Greve, 1993; Carstensen, 1995; Folkman,

---

4) 청년 $N=238$, 중년 $N=245$, 노년 $N=187$; *** $p < .001$

Lazarus, Pimley, & Novacek, 1987; Heckhausen, 1997; Labouvie-Vief, Hakim-Larson, & Hobart, 1987; Lang & Carstensen, 2000; Quayhagen & Quayhagen, 1982), 이는 정서최적화를 위한 정서대처와 조절을 시도하는 방법에 연령에 따른 차이가 있다는 것을 보여주는 것이다.

노년집단은 정서 동요나 갈등적인 상황에서 자신이 해결할 수 있는 문제인지 판단한 후 상황에 적절한 대처양식을 선택하여 사용할 수 있다는 것을 확인했다. 문제중심적 대처, 인지적 대처는 대처자원이 풍부할 경우 사용하고, 제한된 에너지와 심리적 자원을 보호하기 위한 수단으로써 자기방어적 대처를 선택적으로 사용함으로써 주관적 안녕감과 정서최적화를 유지하였다. 중년집단은 인지적 대처와 문제중심적 대처를 자기 방어적 대처보다 자주 사용하고 청년집단은 중년이나 노년에 비해서도 수동의존적 대처를 더 많이 사용하는 것으로 나타났다. 이러한 특성은 청년집단은 아직 미숙하고 문제 해결 방법에 대한 확신이 부족하여 타인에게 의존하거나 확인받기 위한 수단으로 수동의존적 대처를 자주 사용하는 것으로 보인다.

정서 대처양식의 사용과 주관적 안녕감과의 관계를 살펴보면, 노년집단의 경우에는 자기방어적 대처가 주관적 안녕감에 긍정적인 영향을 미치며, 중년집단과 청년집단은 문제중심적 대처가 주관적 안녕감에 긍정적인 영향을 미치는 것으로 나타났다. 이와 같이 본 연구를 통해 정서최적화를 이루는 방식이 연령에 따라 상이하고 주관적 안녕감에 긍정적 영향을 미치는 요인도 상이하다는 것을 확인할 수 있었다.

실생활에서 경험할 수 있는 상황을 제시한 후 문제 해결 방안을 답하도록 한 결과 노인들도 청년이나 중년에 못지않게 문제중심적 대처 방안을 보고하였으나 정서가가 매우 높은 문제에 대해서는 다른 집단에 비해 수동적 의존적 대처나 회피를 더 많이 사용하는 것으로 나타났다(Blanchard-Fields, Chen, & Norris, 1997; Blanchard-Fields, Jahnke, & Camp, 1995). 이와 같은 결과는 노년기에 에너지 손실이나 심리적 동요를 줄이고 정서최적화를 유지하려는 특성을 반영하는 것이다. 자신이 문제를 잘 해결할 수 있을 경우에는 적극적인 대처를 하지만 정서적 갈등이 너무 심해서 주의를 두기 어렵고 심리적 동요가 일어날 가능성이 높은 과제는 회피하거나 대처를 하지 않는 것이 노년기에는 더 적응적일 수 있다. 이러한 특성은 노인의 수동적 특성을 보여주는 것이 아니라, 오히려 풍부한 삶의 경험을 통해 체득한 지식으로 일상생활에서의 문제들을 해결하며, 상황에 따라 심리적 자원을 적절히 조절하여 대처할 수 있다는 점을 보여주는 것이다

연령과 성별에 따른 주관적 안녕감의 차이를 살펴보면 노년 여성이 특히 주관적 안녕감이 다른 집단에 비해 낮았다. 이러한 결과는 노년 여성이 노화가 진행될수록 정서적, 심리적으로 많은 어려움을 경험하지만(박기남, 2004; Adelmann, Antonucci, Crohan, & Coleman, 1989; Glenn, 1975; Veroff, Douvan, & Kulka, 1981; White & Edwards, 1990), 상대적으로 대처 자원이 부족하다는 점을 보여주는 것이다.

정서자각능력에 있어서의 연령차를 살펴보았더니, 노년기에도 정서개선에 대한 긍정적인 믿음을 유지하는 것으로 나타났다. 또한 정서개선은 모든 연령에서 주관적 안녕감 유지에 도움이 되며 이는 부적 정서를 경험하더라도 긍정적인 기대를 갖고 대처하려는 경향을 나타내므로 정서최적화의 한 측면을 보여주는 것이기도 하다.

정서 표현과 관련해서 노년집단이 정서 표현에 대한 양가적인 태도가 가장 두드러졌다. 경험하는 정서를 솔직하게 표현하는 것은 개인의 심리적 안녕에도 도움이 될 뿐만 사회적 관계 유지에도 도움이 되므로 심리적 적응에 긍정적인 영향을 줄 수 있으나, 정서 표현에 대한 양가적인 태도는 적응에 도움이 되지 못할 수 있다. 많은 사람들이 정서를 표현하는 것은 감정에 굴복하는 것이고 자신의 감정을 솔직하게 표현하는 것을 약점을 드러내는 것이라 생각하기 때문에(한정원, 1997), 감정을 드러내지 못하고 주저하고 고민하는 것은 심리적 갈등을 유발할 수 있으므로 적응에 부적응적일 수도 있으나(Freud, 1917; Fridlund, Newman, & Gibson,

1984; Pelletier, 1985), 노년기에는 표현을 하는 것을 꺼리거나 참는 것이 반드시 적응에 부정적인 영향을 주는 것이 아닐 수도 있다. 불편한 감정을 있는 그대로 드러내는 것은 표현하는 사람에게도 스트레스와 긴장감을 유발하므로, 불필요한 부적 정서의 유발을 막고 인지적 재해석을 통해 상황을 받아들이고 표현을 지연하거나 회피하는 것이 노년기의 정서최적화 유지에서는 도움이 될 수 있을 것이다.

정리하면, 노년기 정서최적화 특성을 정서 대처, 표현, 인식능력의 차원에서 확인한 결과, 노년집단은 정서적 문제 해결을 문제 중심적으로 할 수 있는 능력이 있지만 문제가 과도한 심리적 동요와 스트레스를 유발하는 경우에는 자기방어적 대처를 통해 에너지 소모를 줄이고 정서최적화를 유지하고자 한다. 정서 개선에 대한 긍정적인 신념을 갖고 친밀 표현을 통해 사회적 관계를 긍정적으로 맺으며, 직접적인 정서표현을 삼가고 양가적인 태도를 취함으로써 정서최적화를 유지하려 한다. 노년집단의 사회적 관계를 유지하는 능력은 퇴행하지 않고 유지되며, 정서 대처를 상황에 맞게 적절하게 할 수 있다.

정서 대처 양식 중 문제중심적 대처와 인지적 대처, 그리고 자기방어적 대처가 주관적 안녕감에 미치는 영향과 정서개선에 대한 신념이 주관적 안녕감에 미치는 영향을 구조방정식모델을 통해 확인한 결과, 노년집단에게는 정서개선과 자기방어적 대처가 주관적 안녕감 유지에 긍정적인 영향을 가장 크게 주는 것으로 나타났으며, 중년집단과 청년집단에게도 정서개선에 대한 신념과 자기방어적 대처가 주관적 안녕감 유지에 긍정적인 영향을 주지만 청년집단은 문제중심적 대처가 더 큰 영향을 미치는 것으로 나타났다.

정서 대처 양식, 정서 표현, 정서자각능력 등의 정서적 특성들이 정서최적화 유지에 중요한 영향을 미치며 또한 주관적 안녕감 유지에 매우 중요한 역할을 한다는 것을 확인했다. 그러나 정서최적화를 유지하기 위해 정적 정서 경험을 최대화하고 부적 정서 경험을 최소화하는 과정에서 정적 정서만을 경험하려 하고 부적 정서는 단순히 회피하는 것인지, 아니면 정적 정서와 부적 정서 등 여러 정서들을 동시에 경험하면서도 정서최적화를 유지하는지 확인해 볼 필요가 있다. 따라서 연구 3에서는 정서를 다양하게 경험하면서도 각 정서에 대한 이해를 하는 정서복잡성이 연령에 따라 어떻게 달라지며 정서최적화, 주관적 안녕감과 어떠한 관련이 있는지 살펴보았다.

Ⅴ. 연구 Ⅲ: 장노년기 정서 복잡성과 주관적 안녕감

V 연구 Ⅲ: 장노년기 정서 복잡성과 주관적 안녕감

정서최적화 특성을 연구 1과 연구 2를 통해 살펴본 결과, 연령 증가에 따라 정서최적화를 유지하는 방식에는 차이가 있지만 정서최적화는 모든 연령에서 나타나는 특성이었다. 대개 이러한 정서최적화 특성은 적응에 도움이 되는 것으로 알려져 있으나, 정서최적화를 이루는 과정이 단순히 정적 정서만을 경험하려 하고 부적 정서를 회피하는 방법을 통해 정서최적화를 이루는 것인지, 아니면 정서 경험을 다양하게 하면서도 정서최적화를 이루는 것인지 의문을 갖게 된다.

Labouvie-Vief와 Medler(2002)는 정서최적화와 정서 복잡성을 자기 조절의 하위 유형으로 보고 이 두 가지 변인의 특성에 따라 네 가지 정서 조절 스타일을 구분했다. 통합 집단(integrated group)은 정서 복잡성은 높고, 정서 최적화 수준이 높은 집단으로 높은 수준의 정적 감정을 유지하고, 안녕감이 높으며, 사회적으로 잘 적응하는 집단이다. 방어적 집단(defended group)은 높은 수준의 정적 감정을 유지하지만, 복잡성은 매우 떨어지며, 주로 부정이나 퇴행과 같은 방어기제를 사용한다. 정적 정서 적정화보다는 부적 정서를 최소화하는데 더 노력하고 정서적 각성을 최소화하는 것이 목표이므로 항상 방어적인 방략을 사용하게 된다. 복잡 집단(complex group)은 정적 정서 수준과 안녕감은 낮지만 높은 수준의 혼합된 정서적 특성을 갖는다. 이들이 나타내는 복잡성은 통합되었다기보다는 과분화 되어서 정적 감정과의 균형 있는 통합이 아닌 부적 경험을 하게 된다. 조절불능 집단(dysregulated group)은 위의 세 집단에 비해 복잡성도 낮고 사회 정서적 적응 수준도 낮아 적응에 어려움을 갖는 것으로 확인되었다. 이러한 결과는 정적 정서를 많이 경험하고 부적 정서를 회피하는 정서최적화 특성이 적응에 언제나 긍정적인 것만은 아니라는 점을 시사하는 것이다. 상황의 여러 가지 상반된 측면들을 고려하고 통합한 후 정서 최적화를 하는 것과 단순히 부적 정서를 회피하고 정적 정서에만 초점을 주어 최적화를 이루는 것은 적응에 상이한 차이가 있을 것이라는 설명이다. 따라서 본 연구에서는 정서 복잡성과 주관적 안녕감과의 관계를 통해 정서복잡성이 주관적 안녕감에 미치는 영향을 확인해보고자 했으며, 이러한 특성이 연령에 따라 어떻게 나타나는지 알아보았다.

〈연구 Ⅲ-1〉
정서 복잡성 측정 검사 개발 및 타당화를 위한 연구

선행 연구들을 살펴본 결과, 정서복잡성 개념은 흥미로운 주제임에도 불구하고 연구자들마다 연구 방법이 상이하고, 관심을 두고 측정하는 심리적 구성개념이 차이가 있어 연구결과가 일관되지 못했다. 정서복잡성 과제들 간의 관계를 파악하기 위해 청년집단을 대상으로 정서복잡성 과제(황석현, 1998)와 정서 일기(Carstensen 등, 2000)를 통해 실험 과제에서 정서 복잡성 수준이 높게 나타난 피험자들이 일상생활에서도 다양한 정서를 경험하고 정적 정서와 부적 정서를 동시에 경험하려는 경향이 있었다. 그러나 현실적으로 시간과 비용의 문제, 그리고 응답의 신뢰도 문제로 인해 장노년집단에게 정서일기를 작성하도록 하는 것이 불가능하다는 결론에 이르렀다. 정서 일기에 대한 대안으로 황석현(1998)의 과제를 실시하도록 했으나, 안타깝게도 이 과제는 장노년 집단에게는 적절하지 못한 과제라는 것이 예비연구를 통해 확인되었다. 특히 TAT 자극으로 구성된 과제라 그림을 읽어내는 것이 노인들에게는 매우 어려운 과제였고 반응내용도 정서적인 반응보다는 그림을 기술하는 내용이 많아 의미 있는 결과를 얻어내지 못했다. 따라서 본 연구를 통해 장노년 집단에게도 적용할 수 있고, 그림의 모호성을 배제한 새로운 정서복잡성 과제를 개발하였다. Harter(1986)의 정서적 이해의 5수준을 수정하여 구성한 황석현(1998)의 과제 구성을 기반으로 일상생활에서 다양한 정서를 경험할만한 상황을 제시한 후 그 상황에서 경험하게 될 정서들을 기술하도록 했다. 또한, 새롭게 개발한 과제의 타당도를 검증하기 위해 다른 개인차 측정치와 황석현(1998)의 정서복잡성 과제, 인지복잡성 과제와의 관계를 살펴보았다.

1. 방 법

1) 참가자

서울대학교 심리학개론 수강생 320명을 대상으로 실시하였다. 남자 218명, 여자 102명이며, 평균연령은 22.93세($sd=2.51$)였다.

2) 측정도구

① TAT 자극을 이용한 정서복잡성 측정 과제

황석현(1998)이 개발한 정서 복잡성 측정 과제를 사용하여 연구하였다. 이 과제는 각기 다른 상황이 묘사된 6장의 그림자극으로 구성되어 있으며, 그림을 제시한 후 피험자에게 그림에 나타난 인물들 간의 정서 경험을 기술하도록 한다. 응답에 대해서는 정서복잡성 채점 방식(Emotional Complexity Coding System)을 통해 채점하고 분석한다. 본 연구에서는 6장의 그림을 모두 한 피험자에게 제시하지 않고 피험자 한 명당 2장의 자극을 무선적으로 제시했다.

정서복잡성은 Harter(1986)의 정서적 이해의 5수준을 수정하여 고안한 것이다. 정서 복잡성은 두 개의 차원을 포함하고 있다. 즉, 변별(differentiation)과 통합(integration)인데, 정적 정서와 부적 정서를 변별할 수 있는지, 그 두 정서가의 정서들이 한 대상에 대해 통합될 수 있는지의 여부에 따라 채점이 이루어진다. 피험자들이 기술한 내용은 다음과 같이 1점-7점으로 채점된다; 1점: 피험자는 상황이나 자극에 대해 정서적인 해석이나 고려를 하지 않는다. 즉, 느껴지는 정서도 없고 정서의 대상도 없다. 2점: 피험자는 상황이나 자극에서 주어진 인물의 감정과 정서에 대해 단일한 표상을 지니고 있으며, 각각의 대상에 대해 단일 정서가 순차적으로 경험되는 것으로 본다. 즉, 단 하나의 정서 표상을 단 하나의 대상에 대해 순간적으로 느낄 뿐이다. 3점: 피험자는 상황이나 자극에서 주어진 인물의 감정과 정서에 대해 단일한 표상을 지니고 있다. 단, 한 인물에게서 여러 감정이 같은 시간에 한 인물에게 일어날 수 없다는 점을 반영한다. 4점: 피험자는 상황이나 자극에서 주어진 인물의 정적 또는 부적 정서를 변별할 수 있다. 즉, 주어진 인물이 하나 이상의 정적 정서들을 하나의 긍정적 대상에 대해 경험하거나 하나 이상의 부적 정서들을 하나의 부정적 대상에 대해 경험한다. 단, 정적 감정과 부적 감정이 동시에 일어날 수 없다. 5점: 피험자는 상황이나 자극에서 주어진 인물의 정적 정서와 부적 정서들을 각각의 정서가(emotional valence) 내에서 분할 가능하지만, 정적 정서와 부적 정서가 동시에 경험되지는 않는다. 6점: 피험자는 상황이나 자극에서 주어진 인물의 정적 정서와 부적 정서를 각각의 정서가 내에서만 변별할 수 있으며, 정적 정서는 긍정적 인물에 대해, 부적 감정은 부정적 인물에 대해서만 경험되고, 동시에 경험되는 것이 아니고 시간차를 두고 차별적으로 경험하게 된다. 7점: 피험자는 상황이나 자극에서 주어진 정적 정서와 부적 정서를 변별할 수 있으며 하나의 대상에 대해 정적 정서와 부적 정서를 동시에 경험할 수 있다.

② 인지복잡성 측정과제

황석현(1998)이 개발한 골수이식과제(Bonemarrow Transplant Questionnaire)를 실시한 후 피험자의 응답을 인지 복잡성 채점 방식(Cognitive Complexity Coding Scheme)에 따라 채점했다.

인지복잡성은 변별(differentiation)과 통합(integration)의 두 개의 차원을 포함한다. 변별은 하나의 문제나 자극에 대해 여러 차원에서의 합리적이고 타당한 관점과 조망이 다양하게 있을 수 있다는 점을 이해하는 것을 의미한다. 통합은 종합, 상호교환, 타협 혹은 상위수준의 개념적 도식 등을 통해 관점과 조망의 차원들 간의 상호관계성을 이해하는 것을 의미한다(Suedfeld, 1994). 이 정의에 따라 1점에서 7점으로 평정된다. 1점: 피험자는 문제나 자극에 대한 분할이나 통합이 없다. 단순한 주장을 내세우며 옹호한다. 3점: 피험자는 문제나 자극의 여러 차원들에 대해 확실한 분할은 보이지만, 통합은 보이지 않는다. 5점: 피험자는 문제나 자극에 대해 확실한 분할을 보이며, 통합을 위한 확실한 노력이 보인다. 즉, 분할된 여러 측면들의 갈등을 해소시키려는 노력이 보인다. 7점: 피험자는 문제나 자극에 대해 높은 분할을 보이며, 높은 수준의 통합을 보인다. 즉, 이 점수는 분할된 여러 측면들의 관계성을 인식하며, 그 측면들 간의 갈등을 해소시키려는 노력이 뚜렷하게 보인다. 2점, 4점, 6점: 피험자가 문제나 자극에 대한 확실한 분할을 보이지만 통합을 위한 노력이 약하게 암시되는 경우에 중간 점수를 준다.

③ 정서자각능력

Salovey, Mayer, Goldman, Turvey, 그리고 Palfai(1995)가 개발한 TMMS(Trait Meta-Mood Scale)을 사용하였다. 이 검사는 각 개인이 자신의 느낌에 주의를 기울이는 정도를 측정하는 주의 차원 13문항, 느낌을 명확하게 경험하는 정도를 측정하는 명료성 차원 11문항, 부정적인 기분을 회복시키고 긍정적인 정서를 유지시킬 수 있다고 믿는 개선믿음 차원 6문항으로 구성되어 있다. 본 연구에서는 이수정과 이훈구(1997)가 번안한 것을 사용하였다. 본 연구에서 확인된 내적합치도 계수 *Cronbach* α는 정서 명료성 .81, 정서주의 .73, 정서개선 .75였다.

④ 정서 인식 척도

MAS (Mood Awareness Scale)를 사용하여 측정하였다. 이 척도는 Swinkels와 Giuilano(1995)가 기분상태에 주의를 얼마나 기울이고 얼마나 이해하는지를 측정하기 위해 개발한 척도로 총 10문항으로 구성되어 있고, 1점(전혀 그렇지 않다)에서 5점(전적으로 그렇다)의 5점 척도를 사용하여 평가한다. 기분 검색과 기분 명명의 두 차원으로 구분되며 각각 5문항씩 나뉘어 진다. 본 연구에서는 이수정과 이훈구(1997)가 번안한 것을 사용하였다. 본 연구에서 확인된 내적합치도 계수 *Cronbach* α는 .85였다.

⑤ 주관적 안녕감 측정

삶에 대한 주관적 안녕감을 측정하기 위해, Campbell, Converse, 그리고 Rodgers(1976)가 개발한 주관적 안녕 지표(Index of Wellbeing)

를 한정원(1997)이 번안한 것을 사용했다. 이 질문지는 보편적 안녕을 측정하는 지표 9문항과 일상생활에서의 전반적인 안녕을 평정하는 척도 1문항으로 구성되어 있으며 일상생활에서의 전반적인 안녕을 평정한다. 본 연구에서 확인한 내적합치도 계수 $Cronbach$ α는 .90이었다.

⑥ 정서복잡성 측정과제 개발

그림자극으로 구성된 황석현(1998)의 정서복잡성 과제를 노년층에게 실시한 결과, 그림이 갖는 특성 때문에 연구 결과를 얻는데 어려움이 있어 언어로 구성되어 있고, 일상생활에서 경험하는 상황 중 정적 정서와 부적 정서가 동시에 경험될만한 상황들을 12개로 구성한 후 예비연구를 통해 정서복잡성 과제를 개발했다. 정서를 연구하는 대학원 석사과정 이상의 전문가에게 12가지의 상황을 제시한 후 기쁨, 슬픔, 분노, 짜증, 즐거움, 자부심, 불안, 섭섭함 등 8개의 정서에 대해 경험되는 정도를 5점 척도상에 표시하도록 했다. 각 과제별로 평정된 정서들 중 정적 정서와 부적 정서의 상관이 높은 과제를 선별하였다. 이 정서 복잡성 과제는 4가지의 상황으로 구성 된다: 1) 7년째 아이를 기다리다 세쌍둥이를 갖게 된 경우, 2) 너무 얄밉고 싫은 친구가 사고로 심하게 다쳤다는 이야기를 들은 경우, 3) 가족들로부터 생일선물을 받았는데 자신에게는 필요가 없는 것일 경우, 4) 과체중으로 인해 건강의 위협을 받아 열심히 운동했는데, 정상체중이 되었으나 관절에 무리가 와서 조심해야 한다는 이야기를 들은 경우.

⑦ 절 차

심리학 개론 수업시간을 이용하여 1차 연구에서는 황석현(1998)의 정서복잡성 과제와 인지복잡성 과제를 실시하고 정서지능, 정서인식, 주관적 안녕감을 질문지를 통해 측정하였다. 총 45분 정도 소요되었다. 2차 연구에서는 새롭게 개발한 정서복잡성 과제를 실시했다. 과제 실시에는 약 15

분이 소요되었다. 학생들은 학점이수조건으로 실험에 참가하였다.

개인차 질문지와 더불어 정서복잡성, 인지복잡성 과제를 실시하였다. 각 상황에 대해 피험자가 경험되는 상황을 개방적으로 서술하도록 한 후, 황석현(1998)이 개발한 정서복잡성 채점방식(Emotional Complexity Coding System)에 따라 내용을 채점했다. 응답의 내용 분석은 정서를 연구하는 박사과정 이상의 전문가 2인에 의해 실시되었으며, 문제가 되는 부분은 합의를 통해 결정하였다.

2. 결과 및 논의

새롭게 개발한 정서복잡성 과제의 4가지 과제와 전체 정서복잡성 수준 간 상관을 확인한 결과, 4가지 과제 모두 .60 이상의 높은 정적 상관을 나타냈다(표 22 참조).

표 22. 정서 복잡성 전체 점수와 과제별 점수 상관

	과제 1	과제 2	과제 3	과제 4
정서복잡성 과제 전체	.693***	.654***	.662***	.626***

*** p<.001, N=320

새롭게 개발한 정서복잡성 과제의 타당도를 검증하기 위해 황석현(1998)의 정서 복잡성 과제와 인지복잡성 과제와의 상관을 확인한 결과, 새로 개발한 정서복잡성 과제와 인지 복잡성 과제와 낮은 정적 상관을 보였다[r=.209, p<.001]. 그리고 새로 개발한 정서복잡성 과제 간에 높은 정적 상관을 확인하였다[r=.682, p<.001]. 황석현(1998)의 정서복잡성 과제

와 정서복잡성은 인지복잡성과 구분되는 특성을 갖고 있었으며 본 연구에서 개발한 정서복잡성 과제도 인지복잡성과 구분되는 특성을 보였다.

새로 개발한 정서 복잡성 측정치와 정서인식능력, 정서 인식 척도와의 상관을 확인함으로써 타당도를 검증하였다. 그 결과를 표 23에 제시하였다.

표 23. 정서복잡성과 정서지능, 정서 인식 척도와의 상관

	정서인식능력 (TMMS)			정서인식 (MAS)	
	정서명료성	정서주의	정서개선	기분검색	기분명명
정서복잡성과제	.119[*]	.122[*]	.243[**]	.125[*]	.071

[**] p<.01 [*] p<.05, N=320

또한 정서복잡성과 주관적 안녕감은 유의미한 정적 상관이 있었다[r=.215, p<.001]. 즉, 정서복잡성이 높은 사람은 주관적 안녕감을 유지할 가능성이 높다는 것을 보여준다. 정적 정서와 부적 정서를 동시에 경험하면서도 그 정서들을 통합할 수 있는 능력은 적응에 도움이 된다. 실제로 정서복잡성이 높은 사람들은 정서 경험을 명확히 이해하고, 대처능력과 공감능력이 우수하며 타인과 정서적 지지를 더 많이 주고받는 것으로 알려져 있다(황석현, 1998; Feist, 1994; Tetlock, 1994).

그렇다면, 정서복잡성이 연령 증가에 따라 어떻게 달라지고, 주관적 안녕감 유지에 어떠한 영향을 미치는가? 노년기 정서최적화가 단순히 정적 정서만 경험하고 부적 정서는 회피하려는 성향이 아니라 다양한 정서를 경험하면서도 이를 통합하고 이해하는 정서복잡성 특성과 관련된다면 더 적응적일 수 있다는 예상을 해볼 수 있다. 이를 확인하기 위해 연구 Ⅲ-2에서는 연령 증가에 따른 정서복잡성 특성을 살펴보았다.

〈연구 Ⅲ-2〉
장노년기 정서복잡성과 주관적 안녕감

Carstensen 등(2000)은 연령이 증가함에 따라 복잡하고 다양한 정서를 동시에 경험하면서도 경험하는 각각의 정서를 복잡하고 예리하게 이해할 수 있는 정서복잡성이 향상된다는 것을 밝혀냈다. 반면, Labouvie-Vief와 동료들(1989)은 정서적 복잡성을 정서와 인지간의 상호작용의 통합으로 보았다. 정서 인터뷰를 실시하고 내용을 분석하여 주관적 정서 경험에서의 복잡성 변화를 살펴본 결과, 젊은이들은 내적, 주관적 느낌을 적게 보고하고 자신의 정서를 무시하거나 주의를 두지 않으려는 의도를 흔히 보고했으나, 중년은 복잡한 느낌을 인식하고 인정하며, 양가감정이나 정서적 긴장감을 참아내려는 경향이 있었다. Labouvie-Vief, Chiodo, Goguen, Diehl, 그리고 Orwoll(1995), Labouvie-Vief, Diehl, Chiodo, 그리고 Coyle(1995)의 전 생애 연구 결과, 정서 복잡성은 청년기에서 점차 증가해서 중년에서 정점을 이루고 생애 후기에 이르면 다소 감소하는 경향이 있지만 모든 사람이 중년에 최고의 정서복잡성 수준에 이를 수 있는 것은 아니다(Diehl, Coyle, & Labouvie-Vief, 1996). 정서적 복잡성이 잘 발달하지 못한 사람은 정서 기능의 제약이 커지고 경험에 깊이가 없어 적응이 어려울 수 있으며, 역량 부족으로 인해 성숙한 정서 조절 방략을 사용하는데 제약을 받을 위험이 있다고 설명한다.

정서적으로 복잡한 사람들은 더 나은 대처 능력을 보이고, 정서를 보다 명확하게 이해한다. 이들은 다른 사람들에 대한 공감능력이 뛰어나며, 다른 사람들과 정서적 지지를 더 많이 주고받는다(황석현, 1998). 노년기에 이르면 정서경험이 보다 복잡해지고 혼합 정서를 빈번하게 경험하고, 다양한 정서를 경험하며, 부적 정서 수준은 낮고, 신경증 성향은 낮다. 그리고 정적 정서와 부적정서를 동시에 경험하는 경향이 강하다(Carstensen 등, 2000).

정서복잡성과 관련하여 여러 연구가 시도되었으나, 연구 방법과 연구 결과가 모두 상이하다. 따라서 연령 증가에 따른 정서 복잡성 특성의 변화를 확인하기 위해, 연구 Ⅲ-1을 통해 개발한 정서복잡성 측정과제를 통해 정서복잡성 수준의 연령과 성별에 따른 차이와 주관적 안녕감과의 관련성을 확인해 보았다.

1. 방 법

1) 참가자

연구 2의 참가자와 동일하다. 청년 집단은 서울대학교 심리학 개론 수강생으로 남자 159명, 여자 79명으로 총 238명(평균 연령 21.55세, 표준편차 2.34)이 참여했다. 중년집단은 서울과 수도권에 거주하는 48세 이상 65세 미만 성인으로 남자 120명, 여자 125명으로 총 245명(평균연령 53.76세, 표준편차 3.84)이 참여했다. 노년 집단은 서울과 수도권에 거주하는 65세 이상 성인으로 남자 96명, 여자 91명으로 총 187명(평균연령 71.34세, 표준편차 3.98)이 참여했다.

2) 측정도구

정서복잡성 측정: 연구 Ⅲ-1을 통해 개발한 정서 복잡성 과제를 사용하였다.

주관적 안녕감: 연구 Ⅱ와 동일.

3) 절   차

노년 집단의 경우 설문조사는 전문조사원을 활용하여 개인면접 방식으로 진행되었다. 조사원들은 보건복지부 산하 보건사회연구원 등 정부의 공신력 있는 기관에서 실행되는 조사과정에 참여한 경험이 많은 10명의 전문가(경력 3년-10년)에 의해 이루어졌으며, 소요 시간은 20분이었다. 연구 2의 설문이 진행되는 사이사이에 정서복잡성 과제를 제시하고 응답을 기록하도록 했으며, 가능한 참가자가 반응한 내용 그대로 적어서 보고하도록 했다. 전문 조사원과 연구 참가자들에게는 소정의 수고료를 지급하였다.

중년 집단은 대학생 조사원을 모집하여 설문지 구성과 내용에 대한 훈련을 시킨 후, 중년집단에게 배포하고 직접 작성한 후 수거하도록 하였다. 질문지 작성 시간은 20분이 소요되었고, 연구 2 질문지와 함께 배부한 후 수거하여 분석하였다. 조사원과 연구 참가자에게 소정의 수고료가 지급되었다.

청년 집단은 서울대학교 심리학 개론 수강생으로 학점이수조건으로 수업시간을 이용하여 연구에 참여했으며, 소요시간은 15-20분이었다.

2. 결   과

연령과 성별에 따라 정서복잡성 수준이 어떻게 달라지는지 알아보았다. 그 결과를 아래 표 24에 제시하였다.

표 24. 연령과 성별에 따른 정서 복잡성의 차이

연령집단	성 별	정서복잡성 평균(표준편차)
청년 집단	남 N=159	3.96 (1.13)
	여 N=79	4.47 (1.29)
	합 N=238	4.13 (1.21)
중년 집단	남 N=120	3.14 (1.05)
	여 N=125	3.48 (1.16)
	합 N=245	3.31 (1.12)
노년 집단	남 N=96	3.45 (.86)
	여 N=91	3.81 (.96)
	합 N=187	3.63 (.93)
$F(2,664)$	연령 주 효과	40.27[***]
$F(1,664)$	성별 주 효과	21.97[***]
$F(2,664)$	연령X성별 상호작용	.406

[***] p<.001

정서 복잡성 수준은 청년>노년>중년의 순으로 나타났고, 중년과 노년집단만 비교하면 노년집단이 중년집단에 비해 정서복잡성이 높았다[t=2.98, df=667, p<.01]. 정서복잡성 수준이 가장 높은 집단은 청년 여자이고, 가장 낮은 집단은 중년 남자였으며, 세 연령집단에서 모두 여성이 남성에 비해 정서복잡성이 높았다.

정서복잡성이 주관적 안녕감에 미치는 영향을 연령 집단별로 구조방정식모델을 통해 확인하였다(그림 16 참조).

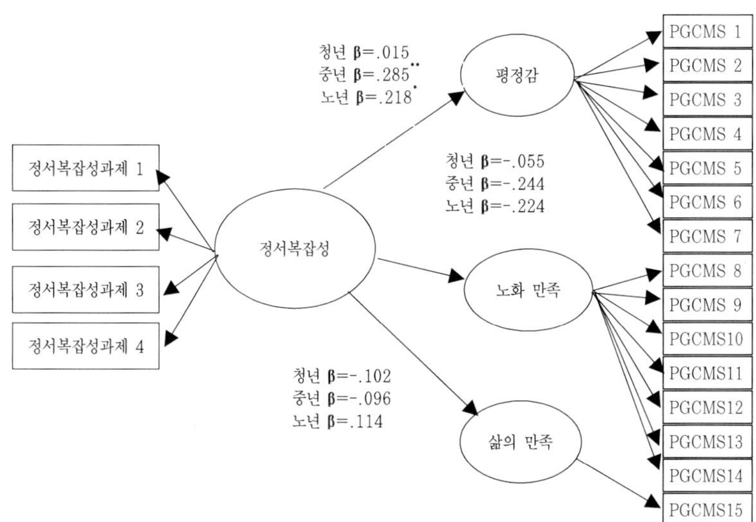

그림 17. 구조방정식 모델 검증 : 정서 복잡성이 평정감, 노화에
대한 만족, 삶에 대한 만족에 미치는 영향5)

정서복잡성이 주관적 안녕감을 측정하는 PGCMS의 하위 요인인 평정감, 노화에 대한 만족, 삶의 만족에 미치는 영향을 확인하기 위해 *Mplus 3.01*(Muthen & Muthen, 2004)을 사용하여 구조 방정식 모델(Structural Equation Model)을 검증하였다. 그 결과를 그림 17에 제시하였다. 모형의 합치도(model fit)를 나타내주는 지표들을 살펴보면, 적절한 모형이라는 것을 잘 알려주는 지표인 RMSEA는 .05 이하이면 좋은 합치도(close fit)이고, .05~.08은 적절한 합치도(reasonable fit)를 의미하는데(Browne & Cudeck, 1993), 본 연구에서 검증한 모델의 RMSEA는 .016으로 좋은 모델로 간주할 수 있다. 또한 CFI(Comparative Fit Index)의 경우는 .90 이상이면 좋은 합치도로 간주될 수 있는데(Bentler, 1990), 본 연구에서 검증한 모델의 CFI는 .970이였다. 그 밖에도 NFI

---

5) 청년 $N=238$, 중년 $N=245$, 노년 $N=187$; ** p < .01, * p < .05

(Normed Fit Index)는 .912, NNFI(NonNormed Fit Index)는 1.336, GFI(Goodness of Fit Index)는 .912이었다. NFI, NNFI, GFI는 .90 이상일 경우에 좋은 모형으로 보는데(Browne & Cudeck, 1989), 모두 .90 이상이므로 본 연구에서 검증하려는 모형을 타당한 것으로 볼 수 있다.

노년 집단의 경우, 정서복잡성이 높은 사람은 평정감을 유지할 가능성이 높고, 노화에 대한 만족은 저하될 확률이 높은 것으로 나타났다. 중년의 경우에도 정서복잡성이 높은 사람은 평정감 유지를 잘 하지만, 노화에 대한 만족은 저하될 가능성이 높은 것으로 나타났다. 정서복잡성이 주관적 안녕감의 하위요인인 정서적 특성과 관련되는 것은 평정감이다. 따라서 평정감과 정서복잡성의 관계를 살펴보면, 정서복잡성이 높다는 것은 동시에 정적 정서와 부적 정서를 경험하고 이해하며 상황의 다양한 측면을 고려할 수 있다는 것을 의미하므로 이러한 특성이 평정감 유지에 긍정적인 영향을 주는 것으로 볼 수 있다.

3. 논   의

연령에 따른 인지적 복잡성과는 구분되는 정서복잡성을 측정하였고, 그 결과 중년에 비해 노년집단이 정서복잡성이 더 높은 것으로 확인되었으며, 심리적 적응에 미치는 영향도 연령이 증가할수록 더 긍정적인 것으로 확인되었다. 이러한 결과는 연령이 증가함에 따라 정서적 삶이 빈곤해지고 퇴행하는 것이 아니라 중년시기와 마찬가지로 유지되고 오히려 더 풍부해질 수도 있다는 것을 보여준다.

정서최적화를 유지하되 단순히 부적 정서를 회피하고 정적 정서만 경험하려는 특성이 아니라 정서의 다양한 측면에 관심을 기울이고 이를 이해하는 능력은 유지된다는 것을 정서복잡성을 통해 확인할 수 있었다.

특히 정서복잡성이 노년기의 평정감 유지에 긍정적인 영향을 준다는 결과는 노인들이 정서최적화를 이루고 주관적 안녕감을 유지하는 것은 다양한 정서를 경험하고 이해하며 상황에 대해 다양한 측면을 고려할 수 있다는 점을 확인할 수 있었다. PGCMS로 측정한 주관적 안녕감의 하위요인 중 정서적 특성을 측정하는 것은 '평정감'이다. 따라서 정서복잡성이 평정감에 긍정적인 영향을 주는 것은 정서최적화 특성을 나타내는 것이기도 하다. 즉, 중년 이후에는 정서를 유발하는 상황에 대해 긍정적인 측면과 부정적 측면 등 다방면으로 고려해보려는 특성인 정서복잡성이 평정감을 유지하는 데 도움이 되고, 이러한 특성은 정서적 동요를 줄이고 정적 정서성을 유지하려는 노년기 정서최적화 특성을 반영하는 것이기도 하다.

중년집단이 노년집단에 비해 정서 복잡성이 낮다는 것은 노년기에도 정서를 다양하게 경험하고 이해할 수 있다는 것을 보여주는 결과이기도 하지만, 중년집단의 입장에서 보면 중년 집단이 정서적 관여보다는 인지적 관여를 더 선호하는 특성을 보여준다. 중년은 성인초기를 마무리하고 그동안 살아온 삶을 재조명해보는 시기로, 중요한 내적, 외적 변화가 일어나는 시기이다. 흔히 중년의 위기(mid-life crisis)로 불려지는 이 시기에는 실존에 대한 회의와 정서적 혼란이 동반된다(김애순, 2004). 자녀들의 성장, 부모님 부양의 책임, 사회적 역할의 재정립 등 다양한 사회적 구조와 역할의 변화 속에서 자신의 정체성을 재정립하고 노후를 계획해야 하는 시기이므로 정서적이기보다는 인지적으로 문제를 해결하고 심리적 동요를 줄이는 것이 적절한 대처일 것이 더 효율적일 수 있다.

정서 복잡성 수준은 특히 남성에 비해 여성이 더 높은 수준이라는 것을 확인했다. 이러한 결과는 여성이 남성에 비해 정서에 주의와 관심을 더 기울이고 다양한 정서를 경험하고 조절하는 특성(Barrett, Lane, Sechrest, & Schwartz, 1999; Diener, Sandvik, & Larsen, 1985;

Fujita, Diener, & Sandvik, 1991; Grossman & Wood, 1993)을 보여주는 것이다.

정서복잡성은 중년 이후에는 연령에 따라 증가하지만, 주관적 안녕감의 하위요인들과의 관계를 검증한 결과, 중년과 노년에는 정서를 다양하고 복잡하게 경험하고 이해하는 것이 평정감 유지와 유의미한 관련이 있다는 점을 확인할 수 있었다.

VI. 종합논의

Ⅵ 종합논의

　본 연구는 장노년기 정서적 삶의 특성을 밝히기 위해 실시되었으며 정서 최적화 특성을 정서 경험, 조절, 표현, 자각능력, 복잡성의 차원에서 살펴보았고, 이러한 특성이 주관적 안녕감에 미치는 영향을 알아보았다. 그 결과, 정서최적화 특성은 모든 연령에서 나타나지만 정서최적화에 이르는 방식이 연령에 따라 상이하다는 것을 확인했다. 특히, 노년기에도 정서경험, 표현, 조절 기능이 잘 유지되며 심리적 동요를 줄이고 삶에 소요되는 에너지 소모를 막기 위해 다른 연령집단과는 상이한 방식으로 정서최적화를 통해 주관적 안녕감을 유지한다는 것을 밝혔다.

　먼저 본 연구 결과를 요약하면, 연구 1에서는 노년기에 접어들수록 부적 정서 경험은 최소화하고 정적 정서 경험은 최대화하여 긍정적이고 만족스러운 정서를 유지하려 한다는 정서 최적화 특성을 정서경험과 사회적 목표 차원에서 확인하였다. 노년기에도 정적 정서를 부적 정서에 비해 더 많이 경험하고, 새로운 것을 배우거나 능력을 인정받는 것보다는 자신의 정서를 조절하여 행복함을 유지하려는 목표가 더 중요한 것으로 나타났다.

정적 정서를 더 많이 경험하고 부적 정서를 덜 경험하려는 정서최적화 특성은 모든 연령에서 확인되었고, 정서최적화를 유지하는 방식에서의 차이를 확인하기 위해 연구 2를 실시하였다.

연구 2에서는 연령에 따른 정서최적화 방식의 차이를 정서 경험에 대한 대처, 표현, 정서자각 능력의 세 차원을 통해 확인하였다. 그 결과, 세 연령집단 모두 문제중심적 대처 방식과 인지적 대처 방식을 많이 사용하지만, 노년 집단은 다른 집단에 비해 자기방어적 대처 방식을 자주 사용하는 것으로 나타났다. 청년과 중년의 주관적 안녕감에는 문제중심적 대처가 긍정적인 영향을 주고, 노년집단의 경우에는 자기 방어적 대처가 주관적 안녕감에 긍정적인 영향을 주는 것으로 나타났다. 정서자각능력의 하위요인인 정서개선은 모든 연령집단에 있어서 주관적 안녕감 유지에 긍정적인 영향을 주는 것으로 나타났다. 정서 표현에 있어서는 정서 표현에 대한 양가적 특성이 노년집단에게서 가장 높은 것으로 나타났다.

정서 대처 중 문제중심적 대처, 인지적 대처, 자기방어적 대처와 정서개선이 주관적 안녕감에 미치는 영향을 구조방정식모형을 통해 검증하였다. 노년집단의 주관적 안녕감 유지와 정서최적화에는 자기방어적 대처와 정서개선이 가장 중요한 요인이었으며 청년집단은 정서개선과 문제중심적 대처가 주관적 안녕감 유지에 큰 영향을 받는 것으로 확인되었다. 연령에 따라 정서최적화와 주관적 안녕감을 유지하는 특성이 상이하다는 것을 확인하였고, 또한 노인들도 다른 연령집단과 마찬가지로 상황에 적절한 대처방식을 사용하고 정서최적화 유지를 위한 노력을 기울인다는 것을 확인했다.

연구 3에서는 정서 복잡성 과제를 구성하고 타당도를 검증했으며, 연령에 따른 변화를 확인하였다. 그 결과, 중년 이후에는 연령 증가에 따라 정서 복잡성 수준이 유의미하게 증가하였다. 그리고 중년과 노년 집단의 경우, 정서를 복잡하고 다양하게 경험하는 것이 평정감 유지에 긍정적인 영향을 준다는 것을 구조방정식모형을 통해 검증하였다. 정서를 유발하는 사건에 대해 다방면으로 고려하고 다양한 정서를 동시에 경험하는 정서복잡성은 정서적 동요가 비교적 적고 부적 정서를 덜 느끼고 평정감을 유지하는 특성에 긍정적인 영향을 주는 것으로 나타났다. 이러한 특성은 심리적 동요를 줄이려는 노인의 정서최적화 특성과도 관련되는 결과이다. 이는 또한 노인들의 정서최적화가 부적 정서를 회피하고 정적 정서경험만을 극대화시킨 결과가 아니라 다양한 정서를 경험하고 상황을 다방면에서 고려한 후 정서최적화를 위해 노력하는 것임을 보여준다.

종합해 보면, 본 연구를 통해 중년에서 노년에 이르는 시기의 정서최적화 특성을 정서적 차원에 초점을 두고 살펴보았으며, 정적 정서 경험을 최대화하고 부적 정서 경험을 최소화하려는 정서최적화 특성이 모든 연령 집단에서 확인되었다. 특히, 정서최적화를 위한 노년집단의 노력은 비단 정서 경험에서만 나타나는 것이 아니라 본 연구에서 실시된 정서 대처, 정서 개선 등 모든 연구 과제에 대해 일관적으로 나타났다. 노년집단은 정서 경험에 있어서 분노나 기쁨과 같이 정서적 각성수준이 높은 정서보다는 상대적으로 각성 수준이 낮은 슬픔, 편안함, 섭섭함과 같은 정서를 더 빈번하게 경험하였으며, 사회적 목표 중 정서를 조절하고 행복감을 유지하는 등의 정서관련 목표를 중년에 비해 상대적으로 더 중요하게 여긴다는 점을 확인하였다. 또한 노년 집단의 경우, 부적 정서로 인한 정서적 동요를 막기 위해 자기 방어적 대처양식을 사용하며, 정서 개선에 대한 긍정적인 기대를 갖는 것은 주관적 안녕감 유지에 긍정적인 영향을 주고, 정서최적화 특성을 반영하는 것으로 볼 수 있다. 본 연구에서 정서최적화 특성을 확인하기 위해 여러 정서적 차원을 통해 장노년기 정서최적화 특성을 살펴본 결과, 정서최적화가 모든 연령 대에서 중요한 특성이며, 단지 정서최적화에 이르는 방식에 연령차가 있으며 이러한 차이가 노년기에 두드러진다는 점을 확인할 수 있었다.

이러한 관점에서 볼 때, 노년 집단이 보여주는 정서적 적응 방식 중 심리적 동요나 에너지 손실을 최소화하면서 정서최적화를 이루려는 특성은 '정서에 대한 자기-보호적 접근(self-protective approach to emotion)'

으로 설명할 수 있다(민경환, 유경, 및 김민희, 2004). 에너지를 소모하며 적극적으로 문제를 해결하기 위해 전력을 기울이는 것은 실패할 경우 손실이 많기 때문에 노화로 인해 제한될 수밖에 없는 에너지를 효율적으로 이용하기 위해서는 회피나 하향비교와 같은 자기방어적 대처를 사용하고 직접적인 정서표현이나 과도한 갈등상황은 피하는 것이 적절하다. 그러나 이러한 특성은 수동적이고 퇴행적인 특성으로 보기 어렵다. 노년집단도 적극적 대처와 직접적인 표현을 할 수 있지만 상황에 따라 선택적으로 적절한 방법을 적용하는 것이므로 정서 동요에 대해 자기 보호적으로 접근하는 특성은 능동적이고 유능한 적응능력 중 하나로 보는 것이 더 타당할 것이다.

이와 같이 노년기 긍정적 특성을 밝혀주는 연구는 현실적으로 매우 중요한 시사점을 갖는다. 대개 노년기에는 신체적, 심리적 기능이 전반적으로 쇠퇴한다고 알려져 있어 노인들을 대하기 어렵고 불편한 존재로만 받아들이려 하는 경우가 적지 않다. 또한 이러한 특성 때문에 나이 드는 것에 대한 거부감과 불안을 갖고 있는 사람들이 많은데, 노인이 되어도 쇠퇴만 일어나는 것이 아니라 오히려 더 여유롭고 행복할 수 있다는 긍정적 특성을 밝히는 연구는 노년기를 준비하는 사람들과 노인을 대상으로 많은 시간을 보내는 사람들에게 새로운 관점을 제시해 줄 수 있을 것이다.

또한 중년과 노년의 정서적 삶의 특성을 여러 차원에서 비교해 보았을 때, 흥미로운 결과는 중년집단이 노년집단에 비해서 상대적으로 덜 정서적이며, 정서경험의 빈도와 다양성이 적고 정서적 문제를 인지적으로만 해결하려는 특성이 강했다는 것이다. 이러한 결과는 중년집단이 갖고 있는 여러 가지 사회적 역할이나 의무 때문에 정서적인 동요로 인해 발생하는 주의분산을 막으려는 의도로 정서적 사건에 주의를 아예 기울이지 않고 사전에 차단해 버리려 하기 때문일 수도 있다. 실제로 중년기에는 다른 연령에 비해 경제적 영역에서의 생활사건과 가족의 건강문제와 관련된 생활사건, 그리고 가족원의 사망과 같이 여러 영역의 스트레스를 경험하게 된다(김명자, 1991; 김양희, 김진희, 및 박정윤, 2001; 김태현과 강인, 1990).

특히 우리나라에서는 중년기에 자녀의 교육과 진학에 대해 높은 스트레스(김명자, 1991; Keyes & Ryff, 1999)를 받는 것으로 알려져 있다. 또한 중년에는 다른 연령대에 비해 부정적 생활사건에 대한 전반적 통제감이 부족하다는 연구 결과들(Chiriboga, 1997; Clark-Plaskie & Lachman, 1999)도 있다. 따라서 중년기에 경험하는 부적 정서에 적절하게 대처하고 심리적 안녕감을 유지하도록 돕는 중년에 초점을 두고 정서관련 변인들의 변화와 유지를 밝히는 연구는 매우 흥미롭다.

중년과 노년을 비교해 볼 때 특히 노년 여성이 부적 정서를 더 많이 경험하는 것으로 나타났는데, 이러한 결과는 우리나라 노년 여성들이 많은 제약과 차별을 받으며 성장한 사회문화적 배경의 영향 때문으로도 볼 수 있다. 노인 여성들은 다른 집단들에 비해 부적 정서를 더 많이 경험하고 경제적으로 불리하며 학력이나 건강수준에 있어서도 저조한 수준이다. 특히, 배우자 사망 시, 여성들이 남성들에 비해 부적 정서를 더 많이 경험하였고 주관적 안녕감이 낮아진다는 사실로 보아 수명차이 때문에 홀로된 여성 노인 인구의 비중이 상당히 큰 현실에 비추어 볼 때 노년기 여성들의 정서적 삶과 주관적 안녕감 유지에 대한 연구가 매우 중요하다.

본 연구의 의의를 살펴보면 다음과 같다. 첫째, 연령증가에 따라 정서적 삶의 특성이 어떻게 유지되는지 확인했다. 본 연구에서는 정서 경험, 정서 자각능력, 정서 대처 양식, 정서 표현 등 정서에 초점을 둔 다양한 정서적 개인차 변인을 살펴보고 각 특성이 주관적 안녕감에 미치는 영향을 밝혔다. 특히, 중년에서 노년에 이르는 시기에 경험하게 되는 정서적 특성을 밝혀줌으로써 여러 세대들 간의 이해를 돕고 장노년기의 정서적 삶에 대한 이해의 틀을 제시하였다.

둘째, 최근 제안되고 있는 정서최적화 이론을 다양한 정서 관련 변인들을 통해 확인했다. 단순히 정적 정서를 더 많이 경험하고 부적 정서 경험을 줄이는 차원에서 정서 최적화를 설명하는 것이 아니라, 정서 최적화 목표를 위해 정서 경험, 목표, 대처 노력, 정서 표현 등 여러 측면에서 노력을 투입하는 방법들에 대해 알아보았다. 특히, 노년 집단의 정서 최적화를 위한 노력은 심리적 동요나 그로 인한 에너지 손실을 줄이고 주관적 안녕감을 유지하려는 특성인 '정서에 대한 자기 보호적 접근'을 통해 이루어진다고 볼 수 있다. 또한 정서최적화 현상을 단순히 정적 정서 경험을 최대화하고 부적 정서 경험을 최소화하는 특성으로만 볼 것이 아니라 정서를 다양하게 경험하면서도 각 정서를 구별해서 이해할 수 있고, 정적 정서와 부적 정서를 동시에 경험하며 이해하는 특성인 정서복잡성 개념을 통해 정서최적화 설명을 보완했다. 이는 정서최적화 개념을 보다 정교화하기 위한 시도로서 학문적 의의를 갖는다.

셋째, 주관적 안녕감에 영향을 주는 정서적 요인들이 연령에 따라 달라진다는 것을 밝혔다. 정서 대처에 있어서 문제중심적 대처와 인지적 대처가 모든 연령에서 효과적이지만 특히 노년집단의 경우에는 자기방어적 대처를 통해 주관적 안녕감을 유지한다는 것을 확인했다. 또한 노년집단도 정서 개선에 대한 긍정적인 믿음을 갖고 정서최적화를 유지하면서 정서적 문제를 해결하기 위해 다양한 정서대처 방략을 사용하여 적극적인 시도를 하고, 주관적 안녕감을 유지할 수 있다는 것을 확인했다. 또한 중년 이후에는 과도하게 에너지를 투여하여 정서적 문제를 해결하려 하기보다는 자기방어적 대처를 통해 주관적 안녕감을 유지하고, 청년기에는 문제중심적 대처를 통해 주관적 안녕감을 유지한다는 결과는 연령에 따라 정서최적화와 주관적 안녕감에 영향을 주는 정서적 요인들이 상이하다는 것을 확인하였다. 이는 중년 이후 변화하는 환경과 사회적 관계에 대처할 수 있도록 도움을 줄 수 있는 의미 있는 결과이다.

넷째, 실용적인 측면에서의 장점을 살펴보면, 노인의 정서적 삶의 특성을 밝힘으로써 세대간 갈등이나 의사소통의 어려움을 줄이는데 도움이 되는 중요한 자료를 축적하였다는 점이다. 특히 고령사회로 진입할수록 노년 인구 비율이 증가하게 되고 이로 인해 노인들과 더불어 살아가기 위해서는 노인의 특성을 이해하는 것이 매우 중요하다. 노인들을 대상으로 이루어지는 서비스, 교육, 사업 등 여러 분야에서 효율적인 업무를 실행하는데 노인에 대한 이해는 필수적이며 특히 정서적 특성을 이해하는 것이 중요하므로 다양한 사회적, 학문적 요구에 부응하는 노년기 정서에 대한 지속적인 연구가 필요하다.

본 연구의 한계 및 추후 연구를 위한 제안은 다음과 같다. 첫째, 여러 가지 정서적 개인차 변인에서의 연령차와 성차를 알아보았고 의미 있는 차이들을 확인했지만, 이러한 결과를 단순히 연령차로 설명하기에는 각 세대별로 갖고 있는 동시대 효과(cohort effect)가 크므로 이에 대한 설명이 보완되어야 한다. 특히 정서를 이해하고 표현하는 방식은 시대와 문화권마다 차이가 있으므로 연구 결과가 실제로 연령차인지 동시대 집단의 특성 때문인지 그 차이를 해석하는데 신중을 기해야 할 것이다. 또한 연구에 참가한 노인 피험자들은 대부분 거동에 불편함이 없고, 스스로 노인 대학이나 사회복지관에 나와서 시간을 보내시는 분들이었다. 따라서 경제적 수준이나 학력, 건강이 상대적으로 높은 수준인 피험자만을 대상으로 연구가 실시되었을 가능성이 있다. 따라서 앞으로는 체계적이고 대단위의 표집을 통해 피험자를 선정하고 객관적인 연구 과제와 방법을 개발하여 장노년기 정서적 특성에 대한 연구가 지속적으로 이루어져야 할 것이다.

둘째, 노인을 대상으로 정서 연구를 하기 위해서는 자기 보고식 질문지보다는 반구조화된 설문지를 통해 편안한 상태에서 정서 경험이나 정서 단어 목록, 정서관련 에피소드 등의 여러 가지 차원을 통해 깊이 있게 노년기 정서적 삶을 조망해줄 수 있는 연구가 필요하다. 이를 위해서는 지역사회에 기반을 둔 투자와 노력이 필요하며 장기간에 걸친 종단 연구가 요구된다.

셋째, 노년 여성과 중년의 정서적 삶의 특성과 심리적 건강 유지를 위한 사회적인 노력과 지원체계가 필요하다. 노년기 여성은 타 집단에 비해 사회적 약자이므로 부적 정서를 경험할 확률이 더 높다. 따라서 이들의 정서적 특성을 확인하고 연구 결과를 바탕으로 심리적 지원체계를 사회적으로 마련하는 것이 중요하다. 또한 중년의 경우 정서적 삶에 관여하는 정도가 상대적으로 다른 연령 집단에 비해 적었는데, 이러한 특성이 여러 가지 사회적 역할이나 가족의 의무로 인해 스트레스와 심리적 불편감을 경험하고 있으나 이를 부정하고 있기 때문인지, 실제로 정서 개입을 최소화하는 형태로 잘 적응하고 있는지를 확인해 볼 필요가 있다.

넷째, 노년기의 긍정적인 특성을 밝히는 연구를 통해 노년기를 준비하거나 노년기를 경험하고 있는 많은 사람들에게 노인과의 삶이 혹은 노인이 되어간다는 것이 두렵고 피하고 싶은 것이 아니라 노년기의 삶도 행복하고 풍요로울 수 있다는 점을 보여줌으로써 고령사회에 대한 준비를 도울 수 있다. 키케로는 '노인들은 불행한 것이 아니다. 노년의 삶은 어떻게 대비하고 적응하느냐, 어떻게 생각하느냐에 따라 달라질 수 있는 것이다'라고 언급했다. 즉, 노인이 되는 것이 반드시 슬프고 힘든 것이 아니고, 노력하고 준비한다면 얼마든지 행복한 삶을 누릴 수 있다는 것을 의미하며 실제로 노년기의 긍정적 특성을 부각시키는 경험적 연구들이 축적되고 있다. 우리는 언젠가는 모두 노인이 될 것이고, 나이가 들고 노인이 되는 일이 나와 전혀 상관없는 일이 아니라 나에게도 이미 일어나고 있는 일이라는 것을 인식해야 한다. 고령사회에서 보다 적극적으로 행복한 삶을 만들어가고, 유지하기 위해서는 노년기 정서에 대한 이해가 필수적이다. 이런 의미에서 본 연구가 갖는 시사점은 매우 크며, 이 연구를 기반으로 노년기 정서적 삶을 다루는 연구들이 지속적으로 이루어져야 할 것이다.

[참고문헌]

강연욱 (2004). 나이와 교육수준에 따른 한국 노인들의 인지 특성. 한국발달심리
　　　학회 2004추계 심포지엄 자료집(풍요로운 노년기 삶을 위하여-노년기 발
　　　달적 변화와 적응), 9-23.

강연욱·나덕렬(2003). 서울신경심리검사(SNSB). 인천: Human Brain Rese-
　　　arch & Consulting co.

김명자(1991). 중년기 부부의 가족스트레스에 대한 대처양식과 위기감. 대한가정
　　　학회지, 29(1), 203-216.

김민희(2003). 노년기 정서 경험과 정서 조절의 특징. 서울대학교 심리학과 대학
　　　원 석사학위.

김애순(2003). 성인발달과 생애설계. 서울: 시그마프레스.

김양희·김진희·박정윤(2001). 중년기 남성이 경험하는 스트레스원과 대처행동
　　　에 관한 연구. 한국가정관리학회지, 19(6), 157-172.

김용익(2004). 고령사회와 한국의 대응. 고령사회와 세계 각국의 대응. 서울: 한
　　　국노인과학학술단체연합회(학술대회 논문집).

김익기(1999). 한국 노인의 삶: 진단과 전망. 서울: 미래인력연구센터.

김태현·강인(1990). 중년기 가족 스트레스와 가족 대처방안에 관한 연구. 대한
　　　가정학회지, 28(4), 103-117.

김태현·김동배·김미혜·이영진·김애순(1998). 노년기 삶의 질 향상에 관한 연
　　　구(1). 한국노년학, 18(1), 23-41.

김태현·김동배·김미혜·이영진·김애순(1999). 노년기 삶의 질 향상에 관한 연
　　　구(2). 한국노년학, 19(1), 56-71.

민경환·유경·김민희(2004). 노년기 정서적 삶의 특성. 한국발달심리학회 2004
　　　추계 심포지움 자료집(풍요로운 노년기 삶을 위하여-노년기 발달적 변화

와 적응), 71-97.

박기남(2004). 노년기 삶의 만족도의 성별차이. 한국노년학, 24(3), 13-29.

오흥식 역(2003). 키케로의 노년에 관하여. 서울: 궁리.

유경·민경환(2001). 아동의 혼합 정서 이해의 발달적 특성. 한국심리학회지: 발달, 13(3), 91-104.

유 경·민경환 (2003). 노년기 정서 경험과 적응의 특성: 정서최적화. 한국심리학회지: 일반, 22(2), 81-97.

이가옥·이현송·김정석(2000). 노년기 삶의 질: 지표개발과 평가. 세계노인의 날 기념 제6회 학술세미나 발표자료.

이수정·이훈구(1997). Trait Meta-Mood Scale의 타당화에 관한 연구: 정서지능의 하위 요인에 대한 탐색. 한국심리학회지: 사회 및 성격, 11(1), 59-116.

이주일·황석현·한정원·민경환(1997). 정서의 체험 및 표현성이 건강과 심리적 안녕에 미치는 영향. 한국심리학회지: 사회 및 성격, 11(1), 117-140.

임주영·전귀연(2004). 노인의 주관적 안녕감에 미치는 변인 연구: 배우자 유·무를 중심으로. 한국노년학, 24(1), 71-88.

통계청(2004). 평균수명. 통계청.

한정원(1997). 정서표현성이 건강 및 주관적 안녕에 미치는 영향. 서울대학교 심리학과 대학원 석사학위.

황석현(1998). 정서복잡성의 개념화와 타당화에 대한 연구(The conceptualization and validation of emotional complexity). 서울대학교 심리학과 대학원 석사학위.

Adelmann, P. K., Antonucci T. C., Crohan, S. E., Coleman, L. M. (1898). Empty nest, cohort, and unemployment in the wellbeing of midlife women. *Sex Roles, 20,* 173-189.

Baltes, P. B., & Baltes, M. M. (1990). *Successful aging: perspectives from the behavior sciences.* Cambridge: Cambridge University press.

Baltes, M. M., & Carstensen, L. L. (1996). The process of successful aging. *Aging and Society, 16,* 397-422.

Bandura, A. (1997). *Self-efficacy. The exercises control.* NY: Freeman.

Barrett, L. F., Lane, R. D., Sechrest, L., & Schwartz, G. E. (1999). Sex differences in emotional awareness. *Personality and Social Psychology Bulletine, 26,* 1027-1035.

Bengston, V. L., Reedy, M. N., & Gordon, C. (1985). Aging and self-conceptions: Personality processes and social contexts. In J. E. Birren & K. E. Schaie(Eds.), *Handbook of Psychology and Aging.*

Bentler, P. M. (1990). Comparative fit indexes in structural models. *Psychological Bulletin, 72,* 375-378.

Berg, C., Klaczynski, P., Calderone, K., & Strough, J. (1994). Adult age differences in cognitive strategies: Adaptive or deficient? In J. Sinnott(Ed.), *Handbook of adult lifespan learning(pp.371-388).* Westport, CT: Greenwood.

Birren, J. E., & Schie, K. W. (2001). *Handbook of the Psychology of Aging*(5th ed.). San Diego, CA: Academic Press.

Blanchard-Fileds, F. (1986). Reasoning on social dilemmas varying in emotional saliency: An adult developmental perspective. *Psychological and Aging, 1,* 325-333.

Blanchard-Fields, F. (1989). Controllability and adaptive coping in the elderly: An adult developmental perspective. In P. S. Fry(Ed.), *Advances in psychology: Vol. 57. Psychological perspectives of helplessness and control in the elderly(pp.43-61).* Amsterdam: North-Holland.

Blanchar-Fields, F., & Camp, C. J. (1990). Affect, individual differences, and real world problem solving across the life span. In T. Hess(Ed.), *Aging and Cognition: Knowledge organization and utilization*(pp.461-497). Amsterdam: NorthHo-lland.

Blanchard-Fields, F., & Irion, J. (1987). Coping strategies from perspective of two developmental markers: Age and social reasoning. *Journal of Genetic Psychology, 149,* 141-151.

Blanchard-Fields, F., Chen, Y., & Norris, L. (1997). Everyday problem solving across the adult life span: Influence of domain specificity and cognitive appraisal. *Psychology and Aging, 12(4),* 684-693.

Blanchard-Fields, F., Jahnke, H., & Camp, C. (1995). Age difference in problem-solving style: The role of emotional salience. *Psychology and Aging, 10(2),* 173-180.

Blazer, D. (1993). *Depression in later life*(2nd ed.). St. Louis, MO: Mosby.

Botwinick, L. (1977). Intellectual abilities. In J. E. Birren & K. W. Schaie(Eds.), *Handbook of the Psychology of Aging.* New York: Nostrand Reinhold.

Brandstädter, J., Wentura, D., & Greve, W. (1993). Adaptive resources of the aging self: Outlines of an emergent perspective. *International Journal of Behavioral Development, 16,* 323-349.

Brandstäter, J., & Greve, W. (1994). The aging self: Stabilizing and protective processes. *Developmental Review, 14,* 52-80.

Brandtstädter, J. (1986). Personal and socail control over development: Some implications of an action perspective in life-span developmnetal psychology. In P. B. Baltes & O. G. Brim, Jr. (Eds), *Life-span development and behavior*(*Vol, pp.1-32*). NY: Academic Press.

Brandtstädter, J. (1989). Personal regulation of development: Cross-sequential analyses of development-related control beliefs and emotions. *Developmental Psychology, 25,* 96-108.

Brandtstädter, J., & Rothermund, K. (1994). Self-concepts of control in middle and later adulthood: Buffering losses by rescaling goals. *Psychology and Aging, 9,* 265-273.

Brandtstädter, J., & Rothermund, K. (2002a). International selfdevelopment: Exploring the interfaces between development, intentionality, and the self. In L. J. Crokett(Ed.). Nebraska Symposium on Motivation: Vol. 48. Agency, motivation, and the life course (pp.31-75). Lincoln: University of Nebraska Press.

Brandtstädter, J., & Rothermund, K. (2002b). The life-course dynamics of goal adjustment: A two-process framework. *Developmental Review, 22,* 117-150.

Browne, M. W. & Cudeck. R. (1989). Single-sample crossvalidation indices for covariance structures. *Multivariate Behavioral Research, 24,* 445-455.

Browne, M. W., Cudeck, R., Tateneni, K., & Mels, G. (2002). *CEFA: Comprehensive Exploratory Factor Analysis, Release version 1.10.*

Buck, R. (1984). *The communications of emotion.* New York: Guilford Press.

Camp, C. J., Doherty, K., Moody-Thomas, S., & Denny, N. W. (1989). Practical problem solving in adults: A comparison of problem types and scoring methods. In J. D. Sinnott(Ed.), *Everyday problem solving: Theory and applications*(pp.211-228). New York: Praeger.

Campbell, A., Converse, P. E., & Rodgers, W. L. (1976). *The quality of American Life.* New York: Russell Sage Foundation. *Journal of Personality and Social Psychology, 61,* 427-434.

Carstensen, L. L. (1992). Social and emotional patterns in adulthood: Support for socioemotional selectivity theory. *Psychology and Aging, 7,* 331-338.

Carstensen, L. L. (1995). Evidence for a life span theory of socioemotional selectivity. *Current Directions in Psychologi-*

cal Science, 4, 151-156.

Carstensen, L. L. (1999). A life-span approach to social motivation. In J. Heckhausen & C. Dweck(Eds.), *Motivation and self regulationacross the life-span*(pp.341-364). Cambridgem, England: Cambridge University Press.

Carstensen, L. L., Gottman, J. M., & Levenson, R. W. (1995). Emotional behavior in long-term marriage. *Psychology and Aging, 10,* 140-149.

Carstensen, L. L., Graff, J., Levenson, R. W., & Gottman, J. M. (1996). Affect in intimate relationships. In C. Magai & H. McFadden(Eds.), *Handbook of emotion, adult development, and aging*(pp.227-242). San Diego, CA: Academic Press.

Carstensen, L. L., Isaacowitz, D. M., & Charles, S. T. (1999). Taking time seriously: A theory of socioemotional selectivity. *American Psychologist, 54,* 165-181.

Carstensen, L., Pasupathi, M., Mayr, U., & Nesselroade, J. (2000). Emotional experience in everyday life across the life span. *Journal of Personality and Social Psychology, 79(4),* 644-655.

Caspi, A., Bem, D. J., & Elder, G. H. Jr. (1980). Continuities and consequences of interactional styles across the life course. *Journal of Personality, 57,* 375-406.

Charles, S. T., Reynolds, C. A., & Gatz, M. (2001). Age-related differences and change in positive and negative affect over 23 years. *Journal of Personality and Social Psychology, 80,* 136-151.

Chiriboga, D. A. (1997). Crisis, challenge, and stability in the middle years. In M. E. Lachman & J. B. James(Eds.), *Multiple paths of midlife development*(pp.293-322). Chicago: The Universeity of Chicago Press.

Clark-Plaskie, M., & Lachman, M. E. (1999). The sense of control in middle life. In S. L. Willis & J. D. Reid(Eds.), *Life in the middle*(pp.181-208). San Diago: Academic Press.

Cornelius, S. & Caspi, A. (1987). Everyday problem-solving in adulthood and old age. *Psychological and Aging, 2,* 144-153.

Costa, P. T., & McCrae, R. R. (1992). Four ways five factors are basic. *Personality and Individual Differences, 13,* 653-665.

Cumming, E., & Henry, W. E. (1961). *Growing olds: The process of disengagement.* New York: Basic Books.

DePaulo, B. M. (1992). Nonverbal behavior and self-presentation. *Psychological Bulletin, 11,* 203-243.

Diehl, M., Coyle, N., & Labouvie-Vief, G. (1996). Age and sex differences in strategies of coping and defense across the life span, *Psychology and Aging, 11,* 127-139

Diener, E. (1984). Subjective well-being. *Psychological Bulletin, 95,* 542-575.

Diener, E., & Diener, C. (1996). Most people are happy. *Psychological Science, 7,* 181-185.

Diener, E., & Suh, M. E. (1998). Subjective well-being and age: An international analysis. In K. W. Schaie, M. P. Lawton, & M. Powell(Eds.), *Annual review of gerontology and geriatrics: Focus on emotion and adult development*(Vol. 17, pp.304-324). New York: Springer Publishing Company.

Diener, E., Sandvik, E., & Larsen, R. J. (1985). Age and sex effects for emotional intensity. *Developmental Psychology, 21,* 542-546.

Diener, E., Colvin, C. R., Pavot, W. G., & Allman, A. (1991). The cost of intense positive emotions. *Journal of Personality and Social Psychology, 61,* 492-503.

Diener, E., Sadvik, E., Pavot, W., & Fujita, F. (1992). Extraversion and subjective well-being in a U. S. national probability sample. *Journal of Research in Personality, 26,* 205-215.

Feist, G. J. (1994). Personality and working style of integrative complexity: A stdy of scientist thinking about research and teaching. *Journal of Personality and Social Psychology, 67(3),* 474-484.

Field, T., & Walden, T. (1982). Production and perception of facial expressions in infancy and early childhood. *Advances in Child Development, 16,* 169-211.

Filipp, S. H. (1996). Motivation and Emotion. In J. E. Birren & K. W. Schaie(Eds), *Handbook of the Psychology of Aging* (4th ed., pp.218-235). San Diago, CA: Academic Press.

Folkman, S., & Lazarus, R. S. (1980). An analysis of coping in middle-aged community sample. *Journal of Health and Social Behavior, 21,* 219-239.

Folkman, S., Lazarus, R., S., Pimley, S., & Novacek, J. (1987). Age differences in stress and coping process. *Psychology and Aging, 2,* 171-184.

Fratigkioni, L., Wang, H. X., Ericsson, K., Maytan, M., & Winblad, B. (2000). Influence of social network on occurrence of dementia: A community-based longitudinal study. *Lacet, 355,* 1315-1319.

Fredrickson, B. L. (1998). What good and positive emotions? *Journal of General Psychology, 2,* 300-319.

Freud, S. (1917, 1977). *Introductory lectures on psychoanalysis*(J. Strachey, Trans.). New York: W. W. Norton & Co. (Original work published 1917).

Fridlund, A. J., Newman, L. B., & Gibson, E. L. (1984). Putting emotion in behavior medicine: Discrete-emotion psychophysiology and its relevance for research and therapy. In C. Van Dyke, L. Temoshok, & L. S. Zegan(Eds.), *Emotions in health and illness*(pp.117-134). New York: Grune & Stretton.

Friedman, H. S., Prince, L. M., Riggio, R. E., & DiMatteo, M. R. (1980). Understanding and assessing nonverbal communication of emotion: The affective communication test. *Journal of Personality and Social Psychology, 39,* 333-351.

Fujita, F., Diener, E., & Sandvik, E. (1991). Gender differences in negative affect and well-being: The case for emotional intensity.

Gasper, K., & Clore, G. L. (2000). Do you have to pay attention to your feelings to be influenced by them? *Personality and Social Psychology Bulletine, 26,* 698-711.

Glenn, N. D. (1975). Psychological well-being in the postparental stage: Some evidence from national surveys. *Journal of Marriage and Family, 37,* 105-110.

Goleman, D. (1995). *Emotional Intelligence.* New York: Bantam Books.

Greenberg, J., Solomon, S., & Pyszcynski, T. (1997). Return of the living dead. *Psychological Inquiry, 8,* 59-71.

Gross, J. J., Carstensen, L. L., Pasupathi, M., Tsai, J., Skorpen, C. G., & Hsu, A. Y. C. (1997). Emotion and aging: Experience, expression, and control. *Psychology and Aging, 12(4),* 590-599.

Grossman, M., & Wood, W. (1993). Sex differences in intensity of emotional experience: A social role interpretation. *Journal of Personality and Social Psychology, 74(3),* 686-703.

Gutmann, D. L. (1964). An exploration of ego configurations in middle and later life. In B. L. Neugarten & Associates(Eds.), *Personality in middle and later life.* New York: Atherton.

Gutmann, D. L. (1967). Aging among the Highland Maya a comparative study. *Journal of Personality and Social Psychology, 7,* 28-35.

Haan, N. (1977). *Coping and defending: Process of selfenvironment organization.* New York: Academic press.

Harter, S. (1986). Cognitive-developmental processes in the integration of concepts about emotions and the self. *Social Cognition, 4(2),* 119-151.

Harter, S., & Buddin, B. J. (1987). Children's understanding of the simultaniety of two emotions: A five stage developmental acquisition sequence. *Developmental Psychology, 23(3),* 388-399.

Heckhausen, J. (1997). Developmental regulation across adulthood: Primary and secondary control of age-related challenges. *Developmental Psychology, 33,* 176-187.

Helson & R., & Srivastava, S. (2001). Three paths of adult development: Conservers, Seekers, and Achievers. *Journal of Personality and Social Psychology, 80(6),* 995-1010.

Herzog, A. R., Rodgers, W. L., & Woodworth, J. (1982). *Subjective well-being among different age groups*(Research Report Series). Ann Arbor: University of Michgan, Institute for Social Research.

Isen, A. M. (1987). Positive affect, cognitive processes, and social behavior. *Advances in Experimental Psychology, 20,* 203-253.

Isen, A. M. (2000). Positive affect and decision making. In M. Lewis & J. M. Haviland-Jones(Eds.), *Handbook of emotions*(2nd ed., pp. 417-435). New York: Guilford Press.

Izard, C. E. (1978). On the ontogenesis of emotions and emotion-cognition relationships in infancy. In M. Lewis & L. A. Rosenbaum(Eds.), *The development of affect*(pp.389-413). NY: Plenum.

Jones, C. J., & Meredith, W. (2000). Developmental paths of psychological health from early adolescence to later adulthood. *Psychology and Aging, 15,* 351-360.

Kagan, J. A., Renzick, J. S., Sidman, N., Gibbons, J., & Johnson, M. O. (1988). Childhood derivates of inhibition and lack of inhibition to unfamiliar. *Child Developmnet, 59,* 1580-1589.

Kalish, R. A. (1969). The dependencies of old people. *Occasional Papers in Gerontology, No. 6.* Ann Arbor: Institute of Gerontology, Michgan-wayne State University.

Keyes, C. L., & Ryff, C. D. (1999). Psychological well-being in midlife. In S. L. Willis & J. D. Reid(Eds.), *Life in the middle*(pp.161-180). San Diago: Academic Press.

King, L. A., & Emmons, R. A. (1990). Conflict over emotional expression: Psychological and physical correlates. *Journal of Personality and Social Psychology, 58,* 864-877.

Koo, J., Rie, J., & Park, K. (2004). Age and gender differences in afeect and subjective well-being. *Geriatric and Gerontology International, 4,* S268-S270.

Kring, A. M., Smith, D. A., & Neale, J. A. (1994). Individual differences in dispositional expressiveness: Development and validation of the emotional expressivity scale. *Journal of Personality and Social Psychology, 66,* 934-9492.

Labouvie-Vief, G. (1992). A neo-Piagetian perspective on adult cognitive development. In R. J. Sternberg & C. A. Berg(Eds.), *Intellectual development*(pp.52-86). New York: Cambridge University Press.

Labouvie-Vief, G., & Blanchard-Fields, F. (1982). Cognitive aging and psychological growth. *Aging and Society, 2,* 183-209.

Labouvie-Vief, G., & Marquez, M. (2001). *Dynamic integration: Affect and cognition in later life.* Paper presented at the annual meeting of Gerontological Society of America, Chicago, IL.

Labouvie-Vief, G., & Medler, M. (2002). Affect optimzation and affect complexity: Modes and styles of regulation in adulthood. *Psychology and Aging, 17(4),* 571-588.

Labouvie-Vief, G., DeVoe, M., & Bulka, D. (1989). Speaking about feelings: Conceptions of emotion acrossthe life span.

Psychology and Aging, 10, 404-415.

Labouvie-Vief, G., Diehl, M., Chiodo, L. M., & Coyle, N. (1995). Representaions of self and parents across the life span. *Journal of Adult Developments, 2,* 207-222.

Labouvie-Vief, G., Hakim-Larson, J., & Hobart, C. J. (1987). Age, ego, level, and the life-span development of coping and defense processes. *Psychology and Aging, 2,* 286-293.

Labouvie-Vief, G., Hakim-Larson, J., DeVoe, M., & Schoeberlein, S. (1989). Emotions and self-regulation: A life span. *Journal of Adult Development, 2,* 207-222.

Lang, F. R., & Carstensen, L. L. (2002). Time counts: Future time perspective, goals and social relationships. *Psychology and Aging, 17,* 125-139.

Lawton, M. P. (1975). The Philadelphia Geriatrics Center for Morale Scale: A Revision. *Journal of Gerontology, 38,* 181-189.

Lawton, M. P. (1989). Environmental proactivity and affect in older people. In S. Spacapan & S. Oskamp(Eds.), *The social psychology of aging*(pp.135-163). Newbury Park: Sage.

Lawton, M. P., Kleban, M. H., & Dean, J. (1993). Affect and age: Cross-sectional comparisons of structure and prevalence. *Psychology and Aging, 8,* 165-175.

Lawton, M P., Kleban, M. H., Rajagopal, D., & Dean, J. (1992). The demensions of affective experience in three age groups. *Psychology and Aging, 7,* 171-184.

Lawton, M P., Kleban, M. H., Rajagopal, D., Dean, J., & Paramelee, P. A. (1992). The factorial generality of belief positive and negative affect measures. *Journal of Gerontology, 47,* 228-237.

Lawton, M P., Van Haitsma, K., & Klapper, J. (1996). Observed affect in nursing home residents with Alzheimer's disease.

Journal of Gerontology, Psychological Sciences, 51B, 3-14.

Lewis, M. D. (1993). Emotion-cognition interaction in early infant development. *Cognition and Emotion, 7(2)*, 145-170.

Liang, J., & Bollen, K. A. (1983). The Structure of the Philadelphia Geriatrics Center for Morale Scale: A reinterpretation. *Journal of Gerontology, 38*, 181-189

Lindenberger, U., & Baltes, P. B. (1997). Intellectual functioning in old and very old age: Cross-sectional results from the Berlin aging study. *Psychology and Aging, 12*, 410-435.

Luszcz, M. A. (1989). Theoretical models of everyday problem solving. In J. Sinnott (Ed.), *Handbook of adult lifespan learning(pp.24-39)*. Westport, CT: Greenwood.

Magai, C., & Halpern, B. (2001). In M. E. Lachman(Ed.), Handbook of midlife development. New York: Wiley.

Malatesta, C., & Izard, C. E. (1981). Facial expression of emotion in young, middle-aged, and older adults. In C. Malatesta & C. E. Izard(Eds.), *Emotion in adult development.* Beverly Hills: Sage Publications.

Malatesta, C. Z., & Izard, C. E. (1984). Emotions in adult development. Beverly Hills, CA: Sage.

Malatesta, C. Z., Flore, M. J., & Messina, J. J. (1987). Affect, personality and facial expressive characteristics of older people. *Psychology and Aging, 2*, 64-69.

Malatesta-Magai, C. Z., Jonas, R., Shepard, B., & Culvert, C. (1992). Type-A personality and emotional expressivity in younger and older adults. *Psychology and Aging, 7*, 551-561.

McConatha, T. J., & Huba, H. M. (1999). Primary, secondary, and emotional control across adulthood. *Current Psychology: Developmental, Learning, Personality, Social, 18*, 164-170.

Mroczek, D. K. (2001). Age and emotion in adulthood. *Current*

Directions in Psychological Science, 10, 87-90.

Mroczek, K. D., & Kolarz, C. M. (1988). The effect of age on positive and negative affect: A developmental perspective on happiness. *Journal of Personality and Social Psychology, 75,* 1333-1349.

Muthen, L. K., & Muthen, B. O. (2004). *MPlus, 3.0.* Muthen & Muthen.

Myers, D. G., & Diener, E. (1995). Who is happy? *Psychological Science, 6,* 10-19.

Paulhaus, D. L., & Lim, D. T. K. (1994). Arousal and evaluative extremity in social judgement: A dynamic complexity model. *European Journal of Social Psychology, 24,* 89-99.

Pelletier, K. R. (1985). *Mind as healer, mind as sayler.* New York: Delacorte Press.

Peng, M., Johnson, C., Pollock, J., Glasspool, R., & Harris, P. (1992). Training young children to acknowledge mixed emotions. *Cognition and Emotion, 6(5),* 387-401.

Prohaska, T. R., Leventhal, E. A., & Keller, M. L. (1985). Health practices and illness cognition in young, middle-aged, and elderly adults. *Journal of Gerontology, 40,* 569-578.

Quayhagen, M., & Quayhagen, M. (1982). Coping with conflict: measurement of age-related patterns. *Research on Aging, 4,* 346-377.

Riggio, R. E. (1986). Assessment of basic social skills. *Journal of Personality and Social Psychology, 51,* 649-660.

Rodin, J., & Langer, E. J. (1977). Long-term effects of a control-relevant intervention with the institutionalized aged. *Journal of Personality and Social Psychology, 35,* 897-902.

Rosen, J., & Neugarten, B. (1964). Ego functions in the middle and later years: a TAT study of normal adults. *Journal of*

Gerontology, 15, 62-67.

Rothbaum, F., Weiz, J. R., & Snyder, S. S. (1982). Changing the world and changing the self: A two-process model of perceived control. *Journal of Personality and Social Psychology, 42,* 5-37.

Rothermund, K., & Brandtstädter, J. (2003). Depression in later life: Cross-sequential patterns and possible determinents. *Psychology and Aging, 18,* 80-90.

Ryff, C. D. (1989a). Happiness is everything, or is it? Explorations in the meaning of psychological well-being. *Journal of Personality and Social Psychology, 57,* 1069-1081.

Ryff, C. D. (1989b). In the eye of the beholder: Views of psychological well-being among middle and old-aged adults. *Psychology and Aging, 4,* 195-210.

Salovey, P., & Mayer, J. D. (1990). Emotional intelligence. *Imagination, Cognition, and Personality, 9,* 185-211.

Salovey, P., Mayer, J. D., Goldman, S. L., Turvey, C. T., & Palfai, T. P. (1995). Emotional attention, clarity, and repair: Exploring emotional intelligence using the trait meta-mood scale. In J. W. Pennebaker(Ed.), Emotion, disclosure, and health(pp.125-154). Washington D.C.: APA

Schaie, K. W., & Strother, C. R. (1968). A cross-sequential study of age changes in cognitive behavior. *Psychological Bulletin, 70,* 671-680.

Schneider, E. L., Rowe, J. W., Johnson, T. E., Holbrook, N. J., & Morrison, J. H. (1996). *Handbook of biology of aging*(4th Eds.) San Diego, CA: Academic Press.

Schulz, R., & Heckhausen, J. (1996). A life span model of successful aging. *American Psychologist, 51,* 702-714.

Showers, C. L. (1992). Evaluatively integrative thinking about characteristics about the self. *Personality and Social Psycho-*

logy Bulletin, 18, 719-729.

Smith, J., Fleeson, W., Geiselmann, B., Settersten, R. A., & Kunzmann, U. (1999). Sources of well-being in very old age. In P. B. Baltes & K. U. Mayer(Eds.), *The Berlin Aging Study: Aging from 70 to 100*(pp.450-471). New York, NY: Cambridge University Press.

Staudinger, U. M. & Fleeson, W. (1996). Self and personality in old and very old age: A sample case of resilience? *Developmental and Psychopathology, 8,* 867-885.

Staudinger, U. M., Fleeson,W., & Baltes, P. B. (1998). *Predictors of subjective physical health and global well-being during midlife: Similarities and differences between the U.S. and Germany.* Manuscript submission for publication.

Staudinger, U. M., Marsiske, M., & Baltes, P. B. (1995). Resilience and reserve capacity in later adulthood: Potential and limits of development across the life span. In D. Chicchetti & D. J. Cohen(Eds.), *Developmental psychopathology: Risk, disorder, and adaptation*(Vol. 23, pp.801-847). New York: Wiley.

Stock, W. A., Okun, M. A., Haring, M. J., & Witter, R. A. (1983). Age and subjective well-being: A meta-analysis. In R. J. Light(Ed.), *Evaluation studies: Review annual*(Vol. 8. pp.279-302). Beverly Hills, CA: Sage.

Suedfeld, P. (1994). President Clinton's policy dilemmas: A cognitive analysis. *Political Psychology, 15(2),* 509-522.

Sullins, E. S. (1989). Perceptual salience as a function of nonverbal expressiveness. *Personality and Social Psychology Bulletine, 15,* 584-595.

Swinkles, A., & Giuliano, T. (1995). The measurement and conceptualization of mood awareness: Monitoring and labeling one's mood states. *Society for Personality and Social Psychology,*

77(2), 360-369.

Tetlock, P. E. (1993). Accountability and complexity of thought. *Journal of Personality and Social Psychology, 45(1)*, 74-83.

Thomae, H. (1983). *Styles of aging and fates of aging: A contribution toward differential gerontology,* Bern, Switzland: Huber.

Uchino, B. N., Caccioppo, J. T., & Kiecolt-Glaser, J. K. (1996). The relationship between social support and psychological processes: A review with emphasis on underlying mechanisms and implications for health. *Psychological Bulletin, 119,* 488-531.

Vaillant, G. E. (1993). *The wisdom of the ego.* Cambridge, MA: Harvard University Press.

Veroff, J., Douvan, E., & Kulka, R. A. (1981). *The inner American: A self-portrait from 1957-1976.* NY: Basic Books.

Weissman, M. M., Leaf, P. J., Bruce, M. L., & Florio, L. (1988). The epidemiology of dysthymia in five communities: Rates, risks, co-morbidity, and treatment. *American Journal of Psychoatry, 145,* 815-819.

Whitbourne, S. K. (1996). psychological perspectives on emotions: The role of identity in the aging process. In C. Maggai & S. H. McFadden(Eds.), *Handbook of emotion, adult development, and aging.* San Diego: Academic Press.

White, L., & Edwards, J. N. (1990). Emptying the nest and parental well-being: An analysis of national parental data. *American Sociological Review, 55,* 235-242.

부　록

부록 1. 사회적 목표 요인분석 결과:
고유치, 설명량, 분석방법

	Unique Variance	Communality
몸과 마음의 건강을 유지하는 것	.686	.314
사랑하는 사람들과 행복하게 지내는 것	.663	.337
좋은 기분을 유지하는 것	.795	.205
내 감정을 잘 알고 조절하는 것	.913	.087
좋은 친구를 갖는 것	.941	.059
새로운 것을 배우는 것	.596	.404
삶을 개척하기 위해 새로운 것을 도전하는 것	.538	.325
나의 능력을 인정받는 것	.406	.594
이 세상에 나의 흔적을 남기는 것	.666	.334

분 석 방 법

Discrepancy function: MWL

Dispersion Matrix: Correlations

Max EFA iterations: 500

Rotation Type: Oblique

Sort colums using: Descending sums of squares

Rotation Criterion: CF-QUARTIMAX

Row weight: Kaiser

부록 2. 정서대처양식 요인분석 결과:
고유치, 설명량, 분석방법

문 항	Unique Variance	Communality
유능감을 갖고 대처	.234	.766
포기하지 않고 대처	.527	.473
자신을 의지하며 대처	.678	.322
기분 회복에 대한 신념을 갖고 대처	.860	.140
하향 비교를 통한 대처	.699	.301
회피를 통한 대처	.801	.199
유머를 통한 대처	.847	.153
상황을 받아들이며 대처	.913	.087
능동적 대처	.517	.483
다양한 관점에서 문제를 분석하며 대처	.799	.201
타인에게 문제해결 의존	.321	.679
사회적 지지추구	.826	.174
감정 동요에 대처하지 못하고 당황	.842	.158
대처 포기	.698	.302

분 석 방 법

Discrepancy function: MWL

Dispersion Matrix: Correlations

Max EFA iterations: 500

Rotation Type: Oblique

Sort colums using: Descending sums of squares

Rotation Criterion: CF-QUARTIMAX

Row weight: Kaiser

부록 3. 정서 경험 질문지

	거의 느끼지 않는다			매우 자주 느낀다	
1. 화가 난다	①	②	③	④	⑤
2. 슬프다.	①	②	③	④	⑤
3. 편안하다	①	②	③	④	⑤
4. 짜증난다	①	②	③	④	⑤
5. 두렵다	①	②	③	④	⑤
6. 서글프다	①	②	③	④	⑤
7. 서운하다	①	②	③	④	⑤
8. 불안하다	①	②	③	④	⑤
9. 기쁘다	①	②	③	④	⑤
10. 평온하다	①	②	③	④	⑤
11. 섭섭하다	①	②	③	④	⑤
12. 즐겁다	①	②	③	④	⑤

부록 4. 사회적 목표 질문지

	전혀 중요 하지 않다			매 우 중요하다	
1. 몸과 마음의 건강을 유지하는 것	①	②	③	④	⑤
2. 좋은 기분을 유지하는 것	①	②	③	④	⑤
3. 이 세상에 나의 흔적을 남기는 것	①	②	③	④	⑤
4. 나의 능력을 인정받는 것	①	②	③	④	⑤
5. 좋은 친구를 갖는 것	①	②	③	④	⑤
6. 내 감정을 잘 알고 조절하는 것	①	②	③	④	⑤
7. 사랑하는 사람들과 행복하게 지내는 것	①	②	③	④	⑤
8. 삶을 개척하기 위해 새로운 도전하는 것	①	②	③	④	⑤
9. 새로운 것을 배우는 것	①	②	③	④	⑤

부록 5. 정서대처양식 질문지

	매우 아니다	전혀 아니다	대체로 아니다	그저 그렇다	매우 아니다
1. 문제가 생기면, 문제를 해결하거나 상황을 개선하기 위한 구체적인 일을 한다.	①	②	③	④	⑤
2. 좋지 않은 일이 있을 생기면, 마음속에서 그 문제를 완전히 지워버리려고 노력한다.	①	②	③	④	⑤
3. 지난 경험에 비추어 볼 때 나는 앞으로 어려운 상황이 닥쳐도 잘 해결할 수 있을 것 같다.	①	②	③	④	⑤
4. 아무리 어려운 일이 닥쳐도 나는 절대 포기하지 않는다.	①	②	③	④	⑤
5. 나는 문제가 생겼을 때 상황에 맞서기보다는 상황을 받아들이려 노력한다.	①	②	③	④	⑤
6. 나는 어려운 상황이 닥치면 나 자신을 믿고 의지한다.	①	②	③	④	⑤
7. 나는 직면한 문제를 다양한 관점에서 생각해 보려 한다.	①	②	③	④	⑤
8. 나는 어떤 문제든지 타인에게 도움이나 지지를 구해 해결하려 한다.	①	②	③	④	⑤
9. 힘든 일이 생기면 우울하게 기분이 가라앉지만 힘든 시간이 지나면 다시 기운이 난다는 것을 안다.	①	②	③	④	⑤
10. 문제가 생기면 일이 흘러가는 대로 내버려 두는 편이다.	①	②	③	④	⑤
11. 내가 해결할 수 없는 문제가 생기면 매우 우울하고 어찌할 바를 모르겠다.	①	②	③	④	⑤
12. 문제가 생기면 더 어려운 상황에 처한 사람들 생각을 하며 문제를 대하는 것이 도움이 된다.	①	②	③	④	⑤
13. 나는 내 문제를 누군가가 대신 해결해 주었으면 하는 생각을 한다.	①	②	③	④	⑤
14. 나는 문제가 생기면 유머를 통해 기분 조절을 하려 한다.	①	②	③	④	⑤

부록 6. 정서적 문제 해결 과제

1. 가족이 당뇨와 치매로 고생하는 어머니를 모시고 있는데 점점 상황은 더 나빠지고 있습니다. 의사는 전문 요양기관으로 모시는 것이 가족과 어머니를 위해 더 나을 것이라고 합니다. 이 가족은 어떻게 해야 할까요?

2. 배우자의 외도를 알아차렸지만 시간이 흐르면 해결 될 줄 알고 수개월을 참고 기다렸으나 배우자는 점점 더 가정에 소홀하고 바깥일에만 관심을 둡니다. 이 상황에서 어떻게 해야 할까요?

3. 한 젊은이의 어린 여자친구가 임신을 하게 되었습니다. 둘 다 결혼을 원하지는 않지만 여자친구는 아이를 낳으려 하고 남자는 아이를 낙태해야 한다고 생각합니다. 이 상황에서 어떻게 해야 할까요?

4. 평생을 바쳐 일하던 직장에서 나와 오랜 노력 끝에 회사를 경영하게 되었습니다. 어느 날 친한 친구가 와서 회사 재정 문제가 심각하여 어려우니 융자를 위해 보증을 서 달라는 부탁을 합니다. 이 상황에서 어떻게 해야 할까요?

부록 7. 주관적 안녕감: PGCMS 질문지

	매우 그렇다	전혀 아니다	대체로 아니다	그저 그렇다	대체로 그렇다
1. 올해는 사소한 일들로 괴로움이 더 많았다.	①	②	③	④	⑤
2. 나는 때때로 너무 걱정이 많아서 잠못이루곤 한다.	①	②	③	④	⑤
3. 나는 슬퍼할 일들이 많다.	①	②	③	④	⑤
4. 나는 많은 것을 두려워한다.	①	②	③	④	⑤
5. 나는 이전보다 화를 더 많이 낸다.	①	②	③	④	⑤
6. 대체로 나는 사는 것이 힘들다.	①	②	③	④	⑤
7. 나는 일을 심각하게 받아들인다.	①	②	③	④	⑤
8. 나는 쉽게 마음이 상한다.	①	②	③	④	⑤
9. 내가 나이가 들수록 상황이 점점 더 악화된다.	①	②	③	④	⑤
10. 나는 작년과 마찬가지로 기운이 넘친다.	①	②	③	④	⑤
11. 나이가 들어갈수록 점점 쓸모없는 사람이 된다.	①	②	③	④	⑤
12. 나이가 들면서 내가 기대했던 것보다 상황이 더 나 아진다.	①	②	③	④	⑤
13. 나는 때때로 인생이 살만한 가치가 없는 것이라고 느낀다.	①	②	③	④	⑤
14. 나는 지금 젊었을 때만큼 행복하다.	①	②	③	④	⑤
15. 현재의 내 인생에 대해 만족한다.	①	②	③	④	⑤

부록 8. 정서복잡성 과제

1. 결혼을 한 지 7년이 넘어도 아이가 생기지 않아 걱정하던 중 어느 날 아내가 임신을 한 것 같아 병원에 갔습니다. 병원에 가보니 세쌍둥이를 임신했다는 사실을 알았습니다. 만약 당신이 이러한 상황에 처한다면 어떤 기분일 것 같습니까?

2. 하는 일마다 꼬투리를 잡고 실수를 하면 심하게 나무라고 모욕을 주는 친구가 있어 동료들과 함께 흉을 보기도 하고 무척 싫어했는데 한동안 보이지 않았습니다. 나중에 알고 보니 그 친구는 교통사고로 크게 다쳐 입원을 하고 있다고 합니다. 만약 당신이 이러한 상황에 처한다면 어떤 기분일 것 같습니까?

3. 생일 선물로 가족들이 돈을 모아 비싼 선물을 사 주었습니다. 그런데, 선물을 받아 풀어보니 그 선물은 나에게는 필요가 없는 것입니다. 만약 당신이 이러한 상황에 처한다면 어떤 기분일 것 같습니까?

4. 과체중으로 고혈압과 당뇨에 문제가 있다는 의사의 진단을 받고 열심히 운동을 했습니다. 한 달 후 열심히 노력한 결과 정상 체중이 되어 혈압과 당 수치는 정상이 되었지만 관절에 무리가 생겨 오래 운동하기가 쉽지 않습니다. 만약 당신이 이러한 상황에 처한다면 어떤 기분일 것 같습니까?

<h1 align="center">〈저자약력〉</h1>

유 경 (柳 慶)

〈학력〉
　연세대학교 심리학과 문학사
　서울대학교 대학원 심리학과 문학 석사
　서울대학교 대학원 심리학과 문학 박사

〈경력〉
　서울대, 한림대, 건국대, 충북대 시간강사 역임
　서울 디지털 대학교 상담심리학부 초빙교수 역임
　서울대학교 대학생활문화원 연구원 역임
　한림대학교 고령사회연구소 연구원 역임

〈현재〉
　한림대학교 심리학과 강의전담교수

〈수상〉
　2005년 서울대학교 우수 논문상
　박사논문: 정서최적화와 정서복잡성이 장노년기 심리적 적응에 미치는 영향.

〈주요 논문〉
　노년기 정서 경험과 적응의 특성: 정서최적화.
　연령증가에 따른 정서최적화 특성의 변화.
　정서 대처 양식과 정서인식이 장노년기 주관적 안녕감에 미치는 영향.
　연령증가에 따른 정서복잡성의 변화가 장노년기 주관적 안녕감에 미치는 영향.
　Emotional experience and emotion regulation in old age.
　Emotional life and psychological adaptation in later life.

정서적 특성이 장노년기 주관적 안녕감 유지에
미치는 영향

• 초판 인쇄	2007년 1월 15일
• 초판 발행	2007년 1월 15일
• 지 은 이	유 경
• 펴 낸 이	채종준
• 펴 낸 곳	한국학술정보㈜
	경기도 파주시 교하읍 문발리 526-2
	파주출판문화정보산업단지
	전화 031) 908-3181(대표) · 팩스 031) 908-3189
	홈페이지 http://www.kstudy.com
	e-mail(출판사업팀사업부) publish@kstudy.com
• 등 록	제일산-115호(2000. 6. 19)
• 가 격	20,000원

ISBN   978-89-534-6252-6 93330 (Paper Book)
        978-89-534-6253-3 98330 (e-Book)